Heinrich de Fries

Junge Baukunst in Deutschland

JUNGE BAUKUNST IN DEUTSCHLAND

Ein Querschnitt durch die Entwicklung
neuer Baugestaltung in der Gegenwart

Herausgegeben von Heinrich de Fries

Gebr. Mann Verlag · Berlin

Gleichzeitig mit diesem Nachdruck ist im Gebr. Mann Verlag
der Materialienband ›Heinrich de Fries und sein Beitrag zur Architekturpublizistik der Zwanziger Jahre‹
von Roland Jaeger erschienen. (ISBN 3-7861-2378-0)

Die Deutsche Bibliothek – CIP-Einheitsaufnahme

Ein Titeldatensatz für diese Publikation ist bei
Der Deutschen Bibliothek erhältlich

Gedruckt auf säurefreiem Papier, das die US-AINSI-NORM über Haltbarkeit erfüllt.

Umschlagentwurf: Wieland Schütz · Berlin
Gesamtherstellung: Jos. C. Huber · Diessen/Ammersee

Printed in Germany · ISBN 3-7861-2298-9

EINFÜHRUNG

Nicht an den Fachmann zunächst wendet sich dieses Buch, sondern an jene große Schar kunstfreudiger und kunstbedürftiger Mitmenschen, die man als Laien bezeichnet. Bühne und Lichtspiel, Roman und Drama, Novelle und Lyrik, Bildhauerleistung, Graphik, Malerei und Kunstgewerbe, in erster Linie aber immer der literarische Niederschlag unserer Zeit wird ihnen täglich von einer Unzahl von Zeitungen, Büchern und Druckschriften jeder Art ebenso nähergebracht wie durch Theater, Kunstsalon, Ausstellung u. a. m. Auch die Tagespresse hält es für nachgerade selbstverständliche Pflicht, ihre Leser über die so gearteten Ergebnisse künstlerischer Bemühung hinreichend zu informieren. Sehr selten jedoch wird für die Baukunst auch nur entfernt Ähnliches geleistet, wenn auch zweifellos ganz allgemein das Interesse für diese stärkste Kunstform seelischen Ausdruckes lebhaft im Wachsen begriffen ist. Und doch könnte Baukunst zumindest gleiches Interesse, gleiche Rücksicht mit größtem Rechte fordern, steht sie doch in den engsten Beziehungen zum täglichen Dasein und zur überzeitlichen Transcendenz zugleich. Keine andere Kunstform ist so wie sie sinngemäße Ausprägung der unermeßlichen und doch so kleinen Spanne zwischen erdgebundenen Notwendigkeiten des Alltags und gottsuchender Zielsetzung im Zeitlosen.

* * *

Nicht also für den Gebrauch der Fachgenossen ist dieses Buch in erster Linie bestimmt, obwohl es auch ihnen zur Klarheit helfen, ihren Willen zum Zukünftigen bestätigen und festigen will. Aber eben dieses Werden kann und darf sich nicht einseitig vollziehen, es muß freudige Aufnahmebereitschaft auf der anderen Seite finden und zwar in weit höherem Maße wie heute. So will dieses Werk vor allem das Laienpublikum durch eine Fülle von Bildern und eine Aufreihung befähigter Bauleute mit den Kräften und Werten baukünstlerischer Bemühung von heute und morgen möglichst innig vertraut machen. Es muß darauf verzichten, etwa an dieser Stelle ein Programm zu entwickeln. Sein Verfasser zieht es vor, die Dinge selbst sinnfällig wirken zu lassen, anstatt Seite auf Seite mit reflektierenden Worten anzufüllen. Er glaubt, daß es wichtiger sei, geschaffene Werte zielklar und entschlossen aufzuzeigen, als sich über das scheinbare Chaos vielgestaltiger Programmatik den Kopf zu zerbrechen. Alle künstlerische Leistung, die diesen Namen verdient, kommt nun einmal nicht aus Bewußtseinsabsicht des Gehirns, sie ist unmittelbare und zwangsläufige Emanation des menschlichen Herzens! Sie allein überzeugt, sie allein wandelt Interesse in lebendige und warme Zuneigung, sie allein zwingt über alle Zweifel hinweg zum Glauben. Voraussetzung jeder baukünstlerischen Schöpfung solcher Art ist der noch seltene Mensch unserer Zeit, dessen erstes Bauwerk er selbst war. Erst jenseits der Grenzen rein beruflicher Handlung beginnt die Möglichkeit des Kunstwerkes, beginnt die Berufung. Erst jenseits der Grenzen eines selbstischen Ich beginnen die Möglichkeiten des Menschen von Morgen!

Weniger also an den Kreis der Fachleute wendet sich dieses Buch. Allzu sehr mit sich selbst beschäftigt, eingenommen vom eigenen Schaffen, betrachten sie gemeinhin die Leistung der Zeitgenossen. Und was sie vielleicht an ihr würdigen, ist das Formalistische und das Technische, also das Sekundäre, nicht das Wesentliche der Leistung.

Aber es kommt nur auf dieses Wesentliche an! Niemals auf den äußerlichen Gestus, mag er auch zunächst beeindrucken, ohne allerdings zu überzeugen, noch weniger jedoch zu berauschen! Niemals auch auf die Anwendung hochmoderner technischer und artistischer Errungenschaften. Sachlichkeit, Zweckmäßigkeit und die mit ihnen oft verbundenen Konstruktionsmethoden des Stahles, des Eisenbetons, des Holzes, das sind Mittel und Wege! Nur seelische Armut wird sie — leider noch allzu oft — mit der eigentlichen Zielsetzung verwechseln oder — im Gefühlsbewußtsein eigener Mangelhaftigkeit — mit dem Endziel vertauschen, das immer nur eines sein kann: Wesentliches in sinnengemäße Form zu bringen!

Nicht die speziellen Faktoren der Fachmaterie sucht die Schar der kunsthungrigen Laien im Bauwerk: ihnen versteht es sich von selbst, daß der Baukünstler das Technische bis in seine letzten Möglichkeiten beherrsche, und daß ihm die Grundbegriffe der Formgebung seiner Zeit nicht fremd seien. Ebenso wie sie vom Musiker zumindest voraussetzen, daß er die Mittel der Instrumentation beherrsche, ohne ihn schon darum als ein Genie zu bewerten. Meisterlichkeit in zweckhaftem Gestalten und technischen Neuerungen hat mit Genialität garnichts zu schaffen, ist nicht selten ihr ärgster Feind, ohne mit diesen Worten notwendige Gegensätzlichkeit irgendwie andeuten zu wollen! Das aber ist eben eine Besonderheit unserer Zeit, daß sie, zumindest in baulichen Dingen, die Wertungsfähigkeit des wahrhaft Schöpferischen und Genialen völlig verloren hat, und daß sie statt dessen nichts lieber tut, als das gefällige modische Talent mit dem Genie zu verwechseln und immer wieder als solches auszurufen. Erfreulich bleibt daran nur die Sehnsucht nach dem Genie, die sich mit Ersatz behilft, wie auf so vielen Gebieten geistigen Lebens im heutigen Europa. Traurig aber stimmt die Unverbundenheit mit dem Wesentlichen, dieser Mangel an Innerlichkeit und Gefühlskraft, der ein großes Unvermögen zum Wert immer wieder beweist!

Heute herrscht fast überall, auf den Gebieten der Kunst nicht allein, sondern des gesamten geistigen Lebens eine tiefe Müdigkeit, die mit Bedürfnislosigkeit zu verwechseln oft gefährlich naheliegt. Diese offensichtliche Müdigkeit hat sicherlich ihre Ursachen in einem begreiflichen Erschöpfungszustande, dem nach den Jahren des Krieges und seiner Fortsetzung mit wirtschaftlichen Mitteln gerade die innerlich am stärksten Gespannten naturgemäß für eine gewisse Zeit erliegen müssen. Hierzu kommt, daß eben die furchtbare Schwere des Daseinskampfes auch die Aufnahmefähigkeit auf der anderen Seite, eben bei der großen Armee der Laien, ungewöhnlich herabgesetzt hat, nicht aber das Aufnahmebedürfnis! So trifft heute selbst der schöpferisch Tätige fast nirgends leidlich fruchtbaren Boden an, in welchen das Samenkorn des Genies sich zuversichtlich versenken, Wurzeln fassen und schließlich zu leuchtender Blüte sich entfalten könnte. So kommt es, daß die Blumen, denen wir heute zu begegnen vermeinen, zumeist künstliche Erzeugnisse sind, hergestellt vom gerissenen Intellekt auf Verlangen eines intensiven Bedürfnisses nach Reklame.

Dieser heftige Trieb nach öffentlicher Geltung, der nach immer erneuter Bestätigung verlangt, dieses krankhafte Provozieren eines scheinbaren Ruhmes, der sich an sich selbst nur allzu gern berauschen möchte, ist ein hinreichender Beweis für das tatsächliche Minderwertigkeitsgefühl dieser Leute, die so zahlreich sind auf den verschiedenen Ausdrucksgebieten der Kunst, daß sie im einzelnen zu betrachten, überflüssig erscheinen mag: sie sind typisch für eine ganze Schicht in der geistigen Gesellschaft der Gegenwart, und ihre heftige Bemühung um Individualismen, nüchtern gesagt, ihre Mätzchenmacherei, vermag nicht entfernt dieses Übergewicht des Typischen irgendwie zu verdecken.

Es sollen hier keine Beispiele gegeben werden, die bei allem Willen zur Wahrheit doch dem einzelnen Unrecht zufügen müßten: weil er eben unentrinnbar doch immer irgendwie in die Artung seiner Zeit gebunden ist, weil schließlich sogar diese vorgebliche Genialität noch wieder ein neuer Beweis ist für das Verlangen dieser Epoche nach dem Genie, dessen Niveau nur eben aus innerer Unzulänglichkeit unmöglich zu erreichen ist. Und es ist gerade beim Künstler, dem subjektiv am meisten Befangenen, der Glaube zu begreifen, er habe das genialische Ziel erreicht, wenn er an seinen eigenen Grenzen angelangt ist. Diese Grenzen aber sind allzu eng gezogen, der Anspruch des Einzelnen auf Geltung jedoch oft bis in unerträgliches Übermaß gesteigert, wobei nur der Mangel an innerlicher Korrektur, der Mangel an Ungenügsamkeit sich selbst gegenüber, und das heftige, unbedingt und möglichst laut Nach-außen-wirken-wollen heftig verstimmt und betrübt. Denn eben alle diese Triebhaftigkeiten dementieren letzthin auf das nachdrücklichste das, was sie gerade beweisen wollen: das Genie!

*

Wenn man sich aus dem Lärm der Betriebsamen ein paar typische Exemplare herausfischt, so bekommen wir etwa folgendes zu sehen: eine Berühmtheit der jüngeren Baukunst, deren Persönlichkeitswert sich wenig unterscheidet von der eines Seiden-Rayonchefs bei Tietz, wodurch die zweifellos hohe modische Talentiertheit seines Schaffens nicht berührt werden soll. Einen nun schon seit zwanzig Jahren viel genannten, Presse-Beziehungen besonders eifrig pflegenden Architektur-Professor, dem die repräsentative Geste über alles geht, und dem für Wesenhaftigkeit und organisches Leben aller wahrhaft wertvollen Baugestaltung einfach jedes Empfinden abgeht. Einen Mann ferner, der immer nur die Fassade sieht, die Fläche, die aufzuteilen oder zu dekorieren ist, und der sich seine Dekoration wie ein Barkeeper aus einer Anzahl bewährter Drinks nach Bedarf mit zweifelloser Geschicklichkeit zusammenmischt: man nehme zwei Löffel Früh-Renaissance, einen guten Schuß Schinckel, ein Likörglas Lloyd Wright, rühre das ganze so lange um, bis die Bestandteile unkenntlich zu werden beginnen, und frisiere das Resultat mit kleinen persönlichen Eigenheiten: schon ist ein neues Meisterwerk vollbracht, und jene hilflosen Feuilletonredakteure, die aus kunsthistorischen Voraussetzungen schließlich nicht viel anderes werten können, jubilieren wieder einmal die Spalten der Sonntagsbeilage voll! — Oder jene keineswegs seltenen Naturen, die über Sachlichkeit, Zweckhaftigkeit, Konstruktionsgerechtigkeit nicht herauskommen, und die durch ihren Mangel an innerer Wesenhaftigkeit genötigt sind, aus diesen so selbstverständlichen Voraussetzungen eine immer wieder laut und heftig betonte Programmatik zu entwickeln. Es sind die Baukünstler des Gehirns und der kalten Hand, die in einer geradezu schmerzlichen Zahl das architektonische Bild der Gegenwart bestimmen, und denen alle Blutwärme, alle Musikhaftigkeit des Empfindens, jeder tiefere Rausch des Gefühls weltenfern ist: die geschickten Konfektionärs der Baukunst. Erwähnt seien nach ihnen noch die Friseure, die mit den verfänglichen Mitteln der Schönheitsinstitute, und auf ähnlicher Basis wie jener Barmixer nach Bedarf alles das prompt herstellen, was die Auftraggeber oder das Publikum verlangen: monumentale Größe, oder Intimität, oder Raumphantastik, oder Orientalismus, modernisierte Backsteingotik, oder den Zukunfts-Zweckstiel des zwanzigsten Jahrhunderts, und anderes mehr. Ganz nach Bedarf! Und die dann noch am stärksten wirken, wenn ihnen beiläufig das aus den Händen rutscht, was ihrem Persönlichkeits-Niveau am meisten entspricht: handfester, ehrlicher Kitsch!

*

Alle diese Typen, ihre Verwandten und Nachbarn von vornherein auszuschalten, ist dieses Buches grundlegendes Bemühen gewesen. Was zur Folge hat, daß die Mehrzahl der in ihm vertretenen Bauleute teils unbekannt, teils wenig genannt sind, und zumeist kaum über ihren Arbeitsort hinaus. Jene Koryphäen, deren Entwürfe in der Regel die Kunstblätter füllen, die auf den großen repräsentativen Ausstellungen dominieren, und deren Namen der Presse und damit den sogenannten Kulturkreisen geläufig sind, jene Prominenten des Fünfuhr-Tees mit der abgestempelten Wertmarke sind in diesem Buche mit klarer und eindeutiger Absicht nicht vertreten!

Sicherlich ist es nicht leicht, hier den Trennungsstrich zu ziehen, und so erhebt diese Zusammenstellung keineswegs den Anspruch, jene Art von Architekten ganz auszuschließen, noch den, die Zahl der Wesentlichen und Wertvollen irgendwie vollständig zu umreißen. Das kann, auch beim besten Willen zum Wert, kein Einzelner: er kann Entwicklungen nicht mit Sicherheit voraussehen, er darf Grenzen von unbedingter Geltung zu ziehen sich nicht vermessen, es ist ihm auch unmöglich, alle die still um ihr Werk Bemühten aufzufinden, die, wenig auf äußere Geltung erpicht, irgendwo im Reiche aus heißem Herzen ihr Werk vorantreiben. Mancher der hier vertretenen Namen wird von einer späteren Wertungs-Ebene aus gelöscht werden müssen, manch Anderer müßte zweifellos — vielleicht schon heute — hinzugefügt werden oder in stärkerem Ausmaße vertreten sein. Aber dieses Buch will ja kein Adreßbuch und auch kein Lexikon der wertvollen Baukunst unserer Zeit sein: es will nichts wie eine Anzahl von Bauwerken, Entwürfen und Persönlichkeiten in recht zufälliger Reihung und Menge aufzeigen, die alles in allem einen wirklichen Wert-Querschnitt der baulichen Leistung unserer Zeit darlegen und damit für das stets im Zukünftigen liegende Ziel irgendwie ernsthaft von Belang sind.

*

Die Bilder dieses Buches erweisen, wie vielartig und wie verschieden gerichtet die Bemühung der Einzelnen ist. Aber wie vielgestaltig und vielleicht verwirrend der Eindruck auch zunächst sein mag, eines ist all diesen Blättern gleich gemeinsam: die Erkenntnis, daß es mit den mühsam konservierten Mitteln der Vergangenheit, mit der Stil-Maskerade, die bis in jüngste Modestile sich fortsetzt, daß es auch mit den Krücken der Hochschul-Architektur nicht weiter geht! Diese gemeinsame Überzeugung einer unerläßlichen Wandlung ist das Entscheidende! Und damit hat diese Wandlung auch schon begonnen: wie alles Beginnende, oft nicht ohne unbewußte Reminiszenzen, nicht ohne sentimentale Anwandlungen. Oft überwertet im Technischen und hilflos im Formalen, oft auch umgekehrt. Mit einem starken sozialen Einschlage vor allem, den die Zeit vor dem Kriege nicht gekannt hat, mit einem neu geborenen Verantwortungsgefühl den Mitmenschen und der Volksgemeinschaft gegenüber, mag diese nun national begrenzt oder europäisch begriffen werden. Mit einem leidenschaftlichen Willen zum Wert, zum Vorwärtsdringen um jeden Preis, mit einer unausgesetzten Arbeit an sich selbst in der Erkenntnis, daß ein echtes Kunstwerk nur aus echtem Persönlichkeitswert hervorblühen kann. Mit dem Wissen, daß Voraussetzung höherer Zukunft nicht die Repräsentation, die Akademie, der Gestus und der Effekt sei, sondern einzig der Mensch von Morgen.

Architekten dieses Sinnes aus dem ganzen Reiche sind in keineswegs zufälliger Zusammenfassung hier vereinigt: Hamburg und Breslau, Königsberg und Köln, Berlin, Stuttgart, Dresden und viele andere Städte, und durch sie auch Länder sind vertreten. Auch diese geographischen Bestimmungen bleiben, wie die Bilder erweisen, nicht ohne Einfluß auf die bauliche Gestaltung: das Rheinland hat ein anderes Raum- und Bau-Empfinden als Schlesien, und die Ausdrucksverschiedenheit der Stuttgarter Architekten von den Berliner Kampfgenossen ist sicher nicht minder groß. Es ist auch kein Zufall, daß in diesem Buche ein Teil der Besten gerade aus den deutschen Einzel-Ländern und den Provinzen versammelt ist. Die Architektur der Reichshauptstadt ist im ganzen zu modisch und zu snobistisch, um allgemeinere Wertgeltung beanspruchen zu können. Die stillere und tiefere Bemühung im weiten Reiche zeitigt oft Ergebnisse, die vielleicht weniger modernistisch, weniger originell sind: dagegen aber wesentlicher! Es liegt den Feststellungen dieses Buches garnichts an Aktualität, die ihren Wert über Nacht verliert und durch eine neue Sensation abgelöst wird. Diese Dinge liegen im Begriff der modernen Großstadt selbst. Sinnlos darüber zu jammern, aber auch grundfalsch, daraus Maßstäbe und haltbare Wertbegriffe ableiten zu wollen. Nicht verkannt werden soll die Bedeutung, ja Notwendigkeit dieses heftigen Rhythmus für die Entwicklung überhaupt. Auch sie ist ein Symptom der Wandlung, die sich vollzieht. Einer Wandlung, die zweifellos immer stärker den Charakter einer Revolution der Kultur tragen wird und tragen muß!

*

Was aus vielen Bildern dieses Buches weiterhin im Zeichen innerer Gemeinsamkeit auffallen wird, das ist die veränderte Einstellung zum Grundrißproblem, in dem man ein entscheidendes Kernproblem des Bauwerkes überhaupt zu sehen beginnt. Nicht selten ist sogar die Überzeugung, daß daneben die Gestaltung der äußeren Form, also jener Bestandteile eines Bauwerkes, die bisher fast ausschließlich Gegenstand baukünstlerischer Bemühung waren, recht sekundär sei und sich von selbst miterledige, wenn nur der Organismus des Bauwerkes wirklich gesund und lebensfähig sei. Diese organisch-vitale Auffassung der Baukunst ist mit eines ihrer wertvollsten Kennzeichen. Sie ist Auswirkung einer neuen Einstellung zur Welt, die alles als gegenseitig sich bedingende Bestandteile eines Kosmos empfindet, dessen Grundgesetze darum auch in allem wiederklingen müssen. Ein Bauwerk ist nichts in sich Abgeschlossenes, nichts Absolutes mehr, es beginnt wieder aus Erde und Landschaft zu erwachsen und mit ihnen, mit dem Himmel, den Jahreszeiten und den Sternen sich einig verbunden zu fühlen, mit ihnen, nicht außer oder neben ihnen zu existieren, sondern mitzuleben und mitzuschwingen. So hat auch das Grundrißproblem aufgehört, der Idee zu folgen, als sei höchste Leistung vollbracht, wenn alle Räumlichkeiten eines Bauprogramms in eine rechteckige Figur von Zigarrenkistenformat hineingezwängt seien. Im Gegenteil: man fühlt jetzt, daß ein Arbeitszimmer etwas grundsätzlich anderes sei als ein Schlafzimmer, und daß es — im Rahmen der Wohnungseinheit — besonderen Gesetzen gehorchen müsse, um eben ein möglichst vollkommenes Arbeitszimmer zu sein. Das gleiche gilt von Diele und Küche, ebenso wie vom Wohnzimmer, das nicht selten in eine innigere Verbindung mit dem Garten und somit mit jener Landschaft gebracht wird, aus der die Wohnform ebenso bedingt herauswächst, wie die Menschen, die in diesen Bauwerken leben.

Daß diese Wohnformen nach den geographischen Bedingtheiten ebenso wechseln wie Bausitten und Bauformen, ist keine neue Weisheit. Und doch bekommt auch der oft berüchtigte Heimatschutzgedanke in unseren Tagen ein neues Gesicht. Nicht mehr in nur verhinderndem Sinne, der jedes Dorf zum Freiluftmuseum, zum möglichst unveränderten Abbild irgend einer belanglosen Vergangenheitsepoche machen wollte, sondern in einem inneren Begreifen der Landschaftswesenheit, deren Formausdruck gesetzgeberisch festnageln zu wollen eben Verhinderung lebendiger Entwicklung und damit Unfug sei. An die tieferen Gesetze dieser Landschaftsgestaltung beginnen wir eben uns heranzufühlen, hier Begriffe festlegen zu wollen, ist völlig unmöglich.

*

Bleibt zu erwähnen das neugeborene Empfinden für Räumlichkeit und Plastik des Bauwerkes in engem Kontakt mit jenem neuerwachten Landschaftsgefühl und seiner kosmischen Bindung. Ein Haus wird nicht mehr aus vier Fassadenlichtpausen zusammengestellt, in deren Leerraum die Grundrißanordnung hineingezwängt wird, nein, der Begriff der Fassade überhaupt scheint, trotz modischer Hochkonjunktur, zum Tode verurteilt. Im Augenblick, da wir begannen, ein Haus wie ein lebendiges Wesen mit dessen Gesetzen und Bedürfnissen zu empfinden, fühlten wir es auch als Körper, als ein Geschöpf aller drei Dimensionen, die erst in ihrer Gesamtheit ein Widerspiel der ganzen Fülle der göttlichen Idee dieser Welt ermöglichen. Und so, wie sich in diesem Buche die Bauwerke aus überkommener Gebundenheit zu lösen beginnen, jedes nach seiner Art, doch alle vereint durch den Willen nach vorn, wie sich die Räume nach der Sonne wenden, wie Haus und Garten ineinander überzugleiten beginnen, Landschaft und Bauwerk zu neuer Einheit zu verschmelzen scheinen, so sind auch die Bauleute, die diese Dinge geschaffen haben, Träger einer Wandlung zu einem Weltgefühl, das trotz allem mit stets wachsender Kraft und stets zunehmender Schönheit sich zu bilden beginnt. Und eines um das andere sind die Blätter dieses Buches Beweis dafür, wie sehr dieser neue Lebensglaube schon heute aus eigener junger Kraft selbstschöpferisch sich zu betätigen beginnt!

Dieses Buch ist und will nichts anderes sein als ein Bilderbuch der werdenden Form eines neuen Baugedankens. Alles, was es zeigen kann, ist Anfang, das heißt: vielfache Unverbindlichkeit, scheinbare Härten, manches Ungereifte, oft auch noch Reminiszenzen und nicht zu umgehende Anpassung an die Auftraggeber. Aber es gibt in seiner Gesamtheit mehr wie einen Anfang: es gibt Hoffnung, ja, eine feste Zuversicht zum Werte des Kommenden, das sich fast täglich rascher zu vollziehen scheint. Und auf das allein, auf die Idee von Morgen kommt es an. Weniger auf die mehr zufälligen Namen und die nicht minder zufälligen Bilder dieser Zusammenstellung. Hier wird auch die stärkste Persönlichkeit nur zum Symptom einer Wandlung des Weltbildes, die nach langem, allzu langem Stillstande Beginn eines neuen Vorstoßes zu einer Vollkommenheit bedeutet, die dennoch niemals völlig erreicht werden kann. Was sind daneben Namen, was Schicksale, was Bauwerke: „Die Idee bedarf nicht des Menschen; die Völker müssen sterben, auf daß Gott werde!"

H. de Fries.

An dieser Stelle sagen Herausgeber und Verlag ihren besonderen Dank denen, die durch Überlassung von Druckstöcken zu vorliegendem Werke beigetragen haben:
Es stellten zur Verfügung: Abbildung Seite 12 sowie 31 die „Ostdeutsche Bauzeitung“, Verlag Paul Steinke, Breslau; Seiten 25—29 Maxim. Maul Verlag, Berlin-Schöneberg; Seiten 34, 43—46 Verlag Kurt Schroeder, Bonn, desgl. Abbildungen der Seiten 67—73; die Seiten 86, 87, 89 stammen aus einer Publikation der Gemeinnützigen Aktiengesellschaft für Wohnungsbau in Köln.

INHALTSVERZEICHNIS

ADOLF RADING, Professor an der staatl. Kunstakademie in Breslau, gehört ohne Zweifel zu den führenden Persönlichkeiten der jüngeren Baukunst. Wie wenig andere, geht er bei seinen Arbeiten von einer sicherlich nicht egozentrischen Einstellung zur Welt aus. Im Gegenteil: Gerade die betonte soziale Tendenz seines Wollens und Schaffens muß an dieser Stelle besonders hervorgehoben werden. Die bittere Not der Zeit geht ihm ans Herz, die furchtbare Anhäufung von Wohnungselend, seine Begleiterscheinungen und Folgen bestimmen die Zielrichtung seiner Arbeit, die vor allem städtebaulicher Natur ist.

Rading hat begriffen, daß mit Bauen allein den wirklichen Ursachen einer Not nicht gesteuert werden kann, die bald eine Kulturschande genannt zu werden verdient. Er weiß auch, daß das Heil keineswegs aus neu zu bildender künstlerischer Formensprache erwachsen kann. Er neigt sogar zu der Überzeugung, daß dieses Formale zunächst recht nebensächlich sei. Durchdrungen von dem Bedürfnis zu helfen, zu bessern, hat er die Bildungsgesetze der Großstädte untersucht und in dieser Hinsicht bemerkenswerte neue Richtlinien gegeben. Auch der unmöglichen Wohnungsform der minderbemittelten Massen hat er sich angenommen in der Erkenntnis, daß hier eine der größten Aufgaben für die Architekten von heute und morgen noch kaum in Angriff genommen sei: daß geradezu gigantische Leistung noch vollbracht werden müsse. Seine leidenschaftliche Bemühung um Neuschöpfung wesentlicher Elemente der Baukunst, die von Tradition nicht belastet sein darf, sein heftiger Wille nach vorn und seine Bemühung um die innere Wahrhaftigkeit aller baulichen Gestaltung geben schon heute seinem Namen die Bedeutung eines Programms.

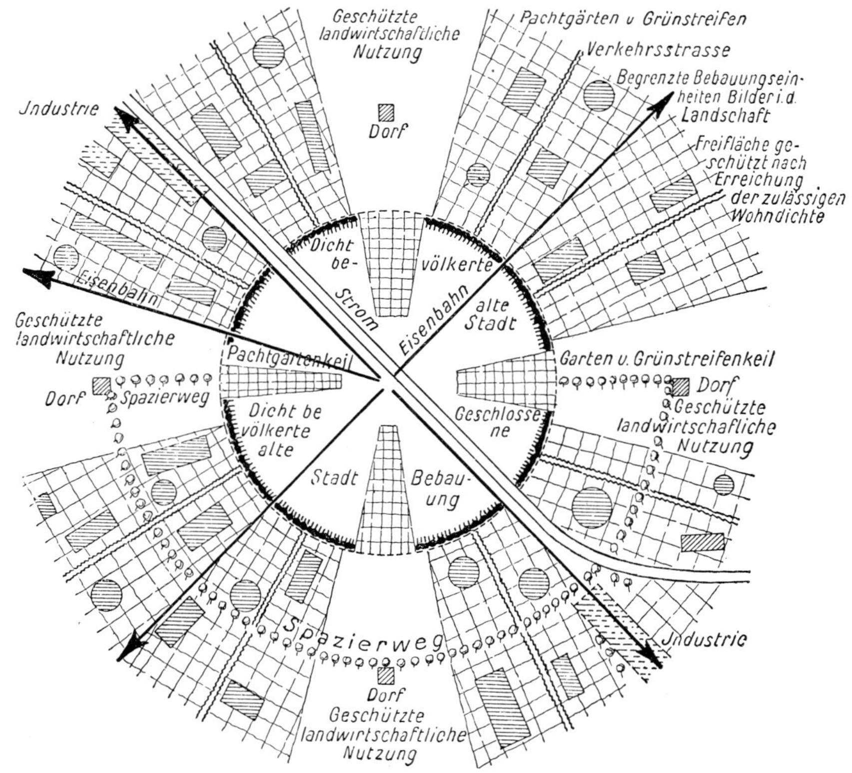

Schematischer Grundriß einer Großstadt der Zukunft — Architekt Adolf Rading, Breslau

Mohrenapotheke Breslau
Architekt Adolf Rading, Breslau

Hausgruppe Oranienstraße in Breslau

Mietshaus in Breslau
Architekt Adolf Rading, Breslau

Ansicht von der Straße

Landhaus G. Ansicht vom Garten

Architekt Adolf Rading, Breslau

Der Architekt OTTO HAESLER in Celle verdient im Rahmen dieses Buches besondere Beachtung. Sein Schaffen war erheblich erschwert durch die Vereinzelung seiner Persönlichkeit in einem mehr ländlichen Kulturkreis, die ihn fast völlig auf sich selber stellte. Er gehört dem Alter nach nicht eben zu den Jüngsten, aber in seinem Schaffen scheint er gerade erst in den letzten Jahren entschlossen die Grenze überschritten zu haben, die ihn nun für immer von den Traditionsaposteln trennt. Und er scheint sein Herz und sein großes Können zugleich erst entdeckt zu haben, als er anfing, in und bei Celle die großen Siedlungen zu bauen, von deren neuerem Teil die beigefügten Abbildungen einen Begriff vermitteln. Eine mehr kunstgewerbliche Einstellung von früher wird bemeistert durch strenge Selbstzucht. Vor allem die Körperhaftigkeit seiner neueren baulichen Gestaltung muß erwähnt werden, die ernste Bemühung um Wohnlichkeit und Zweckgenügsamkeit des Grundrisses vereint mit dem Willen, diese grundrißliche Haltung in die kubische Idee seiner Bauwerke einzuordnen. Haeslers Bauempfinden ist ganz klar betont dreidimensional. Er mag auf das entscheidende Gestaltungsmoment der Tiefe nicht Verzicht leisten und erzielt gerade mit der entschlossenen Durchführung dieses plastischen Gedankens große Vorzüge für Wohnlichkeit, Belichtung, Auflockerung und Landschaftsverbundenheit seiner Bauwerke. Daß er daneben den neuen technischen Möglichkeiten lebhaftes Interesse zuwendet, bedarf kaum besonderer Betonung. Seine zurückhaltende Art, die für sich nichts, für die Sache alles will, alles wagt und alles fördert, verleiht ihm den Rang einer menschlich und fachlich gleichermaßen wertvollen Persönlichkeit.

Ladengebäude der Firma Harry Trüller, Celle — Architekt Otto Haesler, Celle

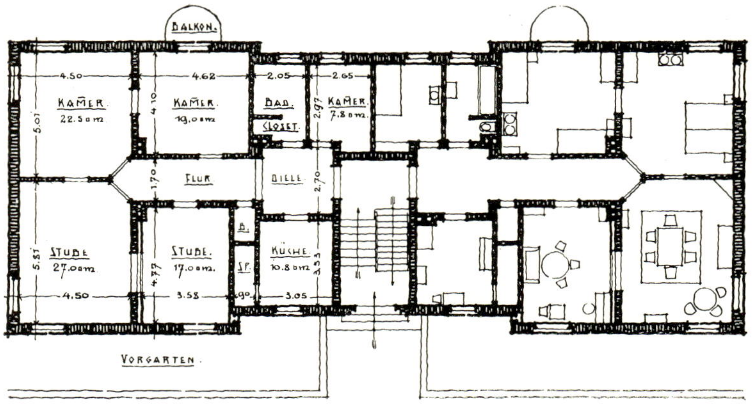

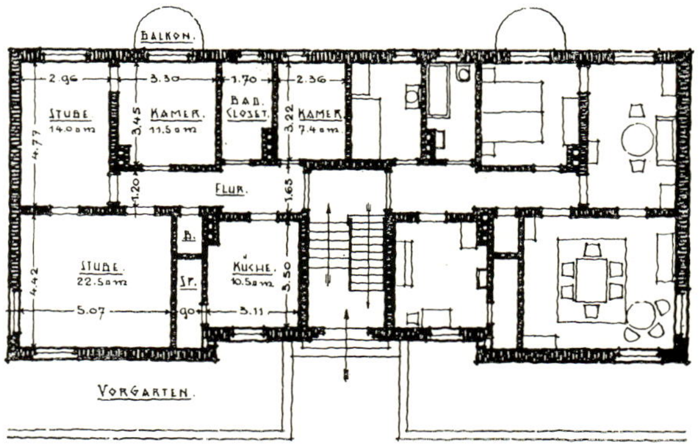

Maßstab 1 : 300

Siedlung „Italienischer Garten" der Volkshilfegesellschaft e. G. m. b. H., Celle — Architekt Otto Haesler, Celle

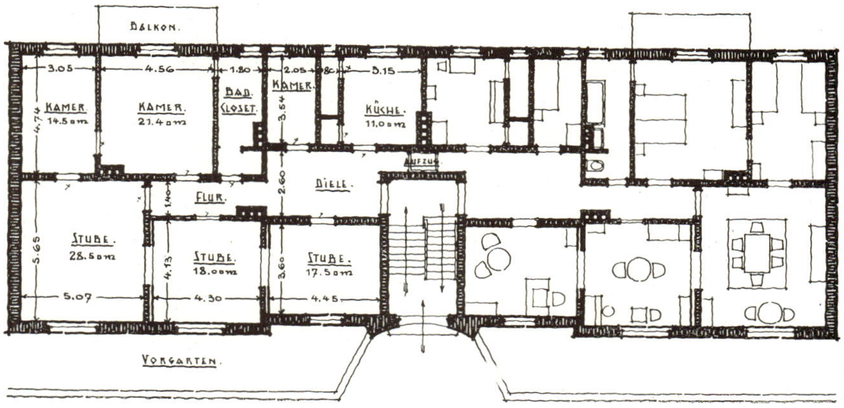

Maßstab 1 : 300

Siedlung „Italienischer Garten" der Volkshilfe-Gesellschaft e. G. m. b. H., Celle

Architekt Otto Haesler, Celle

Entwürfe von Architekt Otto Haesler, Celle

Ladengebäude der Firma Harry Trüller, Celle

Umbau Laden Maussner

Architekt Otto Haesler, Celle

Wettbewerb Tannenberg-Nationaldenkmal 2. Preis Architekt Max Ronneburger, Remscheid

Wettbewerb Rathaus Düsseldorf Ein 1. Preis Architekt H. Mehrtens, Bochum

In der Wiederaufbauarbeit Ostpreußens nimmt die Leistung des Königsberger Architekten KURT FRICK besonderen Rang ein. Er hat es verstanden, der besonders schwierigen Aufgabe Herr zu werden, Bauten und Situationen von früher mit der von ihm projektierten städtebaulichen und architektonischen Neugestaltung der kriegszerstörten Ortschaften und Städte zu verschmelzen. Wir können hier nur einen kleinen Bruchteil seiner Leistung zur Wiedergabe bringen. Hingewiesen sei noch auf seine bemerkenswerten Industriebauten, bei denen das Funktionselement mit besonderer Betonung und mit erfreulicher Klarheit in die Erscheinung tritt. Seine Entwürfe für Bürohochbauten zeigen eine starke ideelle Spannung und ein sicheres Können auch in der Modellierung der Baukörper und in ihrer symphonischen Einordnung.
Gerade der Osten des deutschen Reiches ist der jüngeren Bewegung in der Baukunst kein günstiger Boden. Hier ist das Denken und die kulturelle Haltung wohl am stärksten noch in Tradition gebunden. Solche Widerstände und Hemmungen müssen in Rechnung gestellt werden, um auch die Besonderheit der Leistung Kurt Fricks richtig zu würdigen.

Entwurf zu einem Geschäftshaus in Königsberg
Architekt Kurt Frick, Königsberg

Entwurf zu einem Bürohaus mit Hochhausteil (12-stöckig) Arch. Kurt Frick, Königsberg

Gesamtansicht

Hofseite mit Verwaltungsgebäude und Maschinen- u. Kesselhaus

Fabrikanlage in Königsberg — Architekt Kurt Frick, Königsberg

Stallupönen. Blick über den Alten Markt mit Goldaper Straße im Jahre 1914

Stallupönen. Der neu aufgebaute Alte Markt

Architekt Kurt Frick, Königsberg

Den Namen der Architekten LOEWE und GEIST begegnet man selten in den Fachblättern, noch seltener in den Kunstzeitschriften, fast gar nicht in der Tagespresse. Obwohl sie mancherlei ungewöhnlich Wertvolles in und um Berlin geschaffen haben.

Da sind die Häuser am Lietzensee in Berlin-Charlottenburg, die man in ihrer Art kaum für möglich hält im Herzen einer Millionenstadt und vor allem — wie hier — in einer Lücke zwischen fünfstöckigen Häusern. Die Plastik, um nicht zu sagen das kubische Element in der baulichen Haltung dieser Häuser überrascht und erfreut in gleicher Weise. Und alle Gegner des dreidimensionalen Bauens, des flachen Daches und anderer Faktoren der Baukunst von Morgen noch werden — wenn auch ungern — zugeben müssen, daß gerade die innige Verbundenheit dieser Bauwerke mit den Bäumen, die sie umstehen und mit den sonstigen landschaftlichen Elementen, nicht zuletzt mit der Atmosphäre, einen starken und überzeugenden Eindruck auslöst. Dieses Einordnen und Übergleiten ist Symptom eines besonderen Könnens, das in Grundrißbildung, Körperkomposition und in der fast völligen Abwesenheit rein dekorativer Momente einige der schönsten Belege für Willensrichtung und Zielsetzung einer ganzen Generation geschaffen hat.

Die an der Vorortbahn zwischen Berlin und Potsdam errichtete Siedlung findet mit Recht seit einigen Jahren immer wieder lebhaftes Interesse nicht nur bei Architekten, sondern vor allem beim Publikum, das den Eindruck des Neuartigen überwunden hat und nun die Grundelemente der Wohnfreudigkeit durchzufühlen beginnt. Ebenso bedeutet die Sportsiedlung auf dem Pichelswerder bei Berlin eine Leistung für sich: Ihre Verfasser verdienen ohne Zweifel neue und größere Aufgaben.

Einfamilienhausgruppe am Lietzensee in Charlottenburg — Architekten Loewe und Geist, Berlin

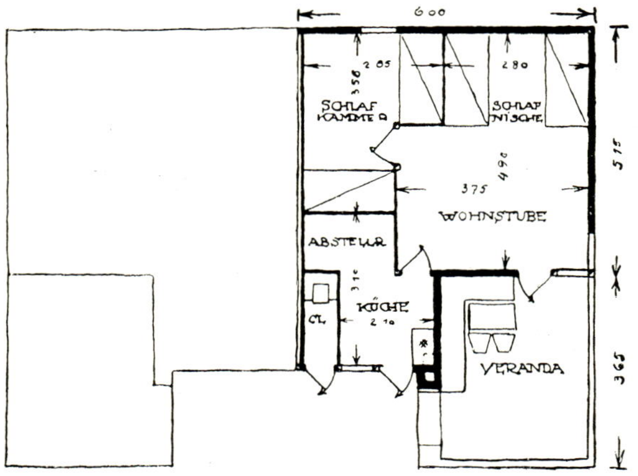

Grundriß zum Sommerhaus in Pichelswerder

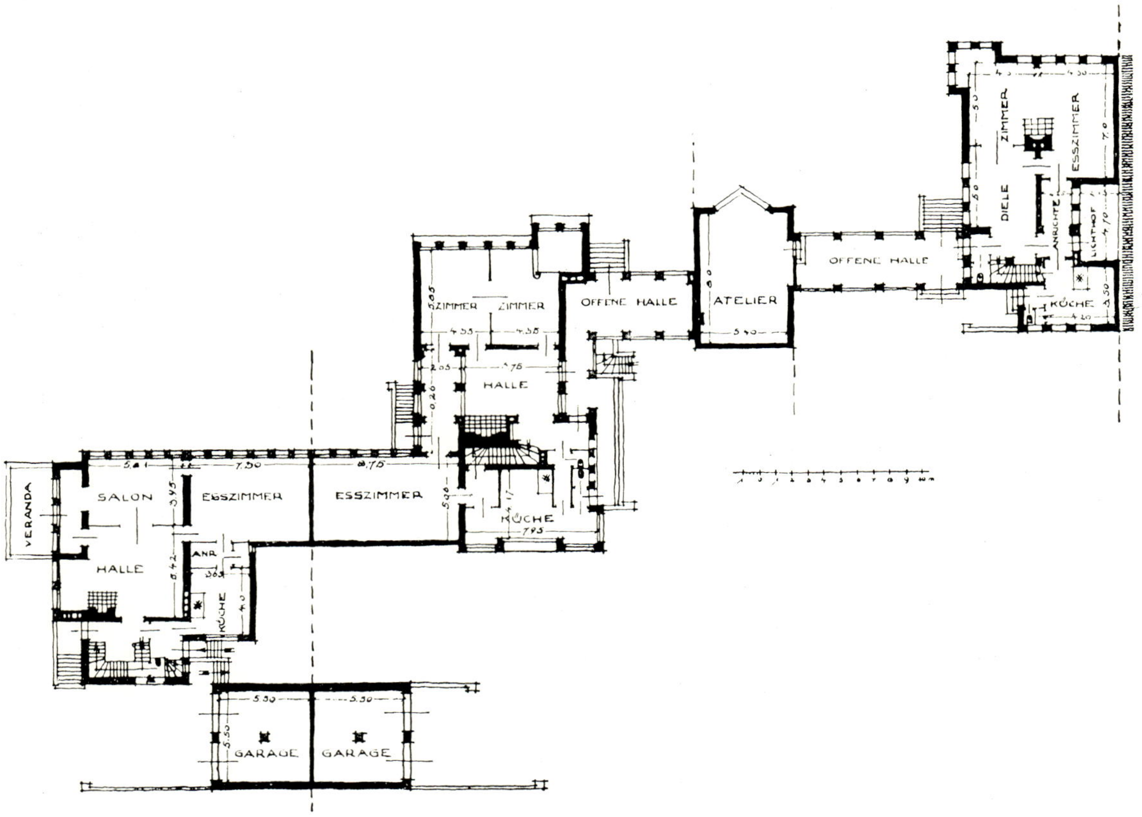

Erdgeschoßgrundriß zu den Häusern am Lietzensee in Charlottenburg Architekten Loewe und Geist, Berlin

Gesamtansicht von der Straße aus

Teilansicht der Häuserreihe am Lietzensee in Charlottenburg Architekten Loewe und Geist, Berlin

Einfamilienhaus Dr. Baruch am Lietzensee Architekten Loewe und Geist, Berlin

Landhausgruppe in Lichterfelde-West bei Berlin

Sommerhaus in Pichelswerder (Havel)

Architekten Loewe und Geist, Berlin

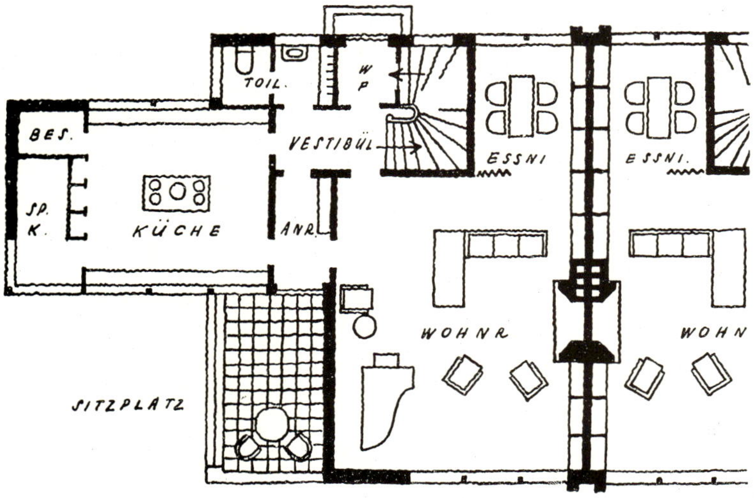

M 1 : 200

Erdgeschoß

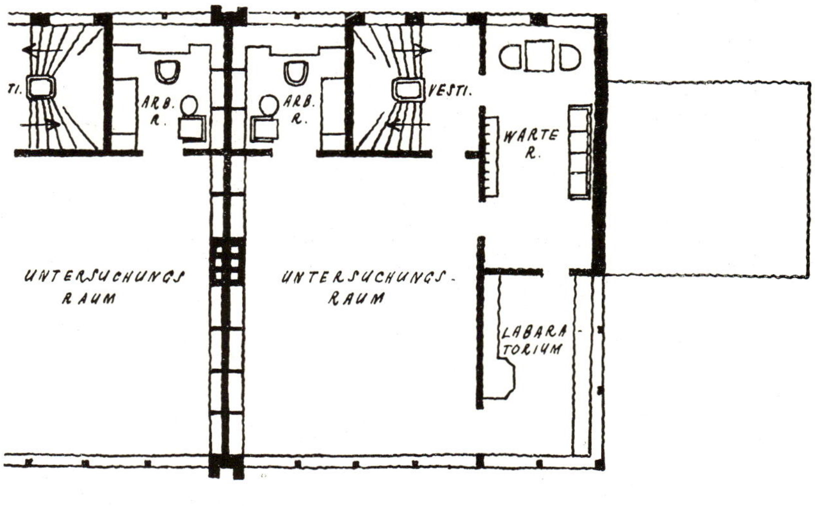

1. Obergeschoß

Doppelhaus für Ärzte

Architekt Carl Fieger, Dessau

HANS SCHAROUN ist erst vor wenigen Monaten aus Insterburg in Ostpreußen nach Breslau übersiedelt und zwar durch eine ihm übertragene Professur an der Kunstakademie in der schlesischen Hauptstadt. Hiermit ist gerade für Scharoun ein entscheidender Schritt vorwärts getan.
Im Rahmen dieses Buches kann er als Exponent einer biologisch-dynamischen Richtung innerhalb der jungen Baukunst angesehen werden, doch sind solche Bezeichnungen ihrer Unzulänglichkeit wegen nur andeutend aufzufassen. In seinen früheren, hier nicht abgebildeten Entwürfen für Bürogebäude in Königsberg und Berlin fiel die sinnliche, fast animalisch zu nennende Haltung des Grundrisses auf, den ich stets als Ausgangspunkt seiner Gestaltungsarbeit anzunehmen geneigt bin. Auch ihm ist ein Bau ein lebendiges Wesen mit bestimmten organischen Funktionen, nicht aber eine tote Kiste mit verschieden bezeichneten Einzelschachteln im Innern. Die Linienführung seiner Entwürfe ist äußerst bewegt, stets in kräftigen Kurven sich auslebend, dennoch voll zielhafter Disziplin. Er ist ganz und gar ungewöhnlich! Parallele Linien und rechte Winkel sind nur an besonderen Punkten seiner Entwürfe zu finden, da, wo eben die Höhe des Themas die Anwendung so absoluter Formelemente rechtfertigt. Scharoun ist total unklassisch, erkennt keinerlei Tradition irgendwie an. Er ist radikal, ohne jemals die größte Achtung vor den elementaren Bedürfnissen und den Lebensgesetzen eines Bauwerkes zu verlieren. Er liebt nicht die Architektur, aber der Inhalt seines Daseins ist die Baukunst.
Unter seinen neueren Arbeiten verdient der hier wiedergegebene äußerst vitale Entwurf für ein Berliner Messegelände besondere Erwähnung.

Wettbewerb Handelshaus Frankfurt a. O.

Wettbewerb Rathaus Bochum
Architekt Hans Scharoun, Breslau

Anbau am Gutshause Albat, Sautilten (Ostpr.) Architekt Hans Scharoun, Breslau

Mietshaus in Insterburg

Architekt Hans Scharoun, Breslau

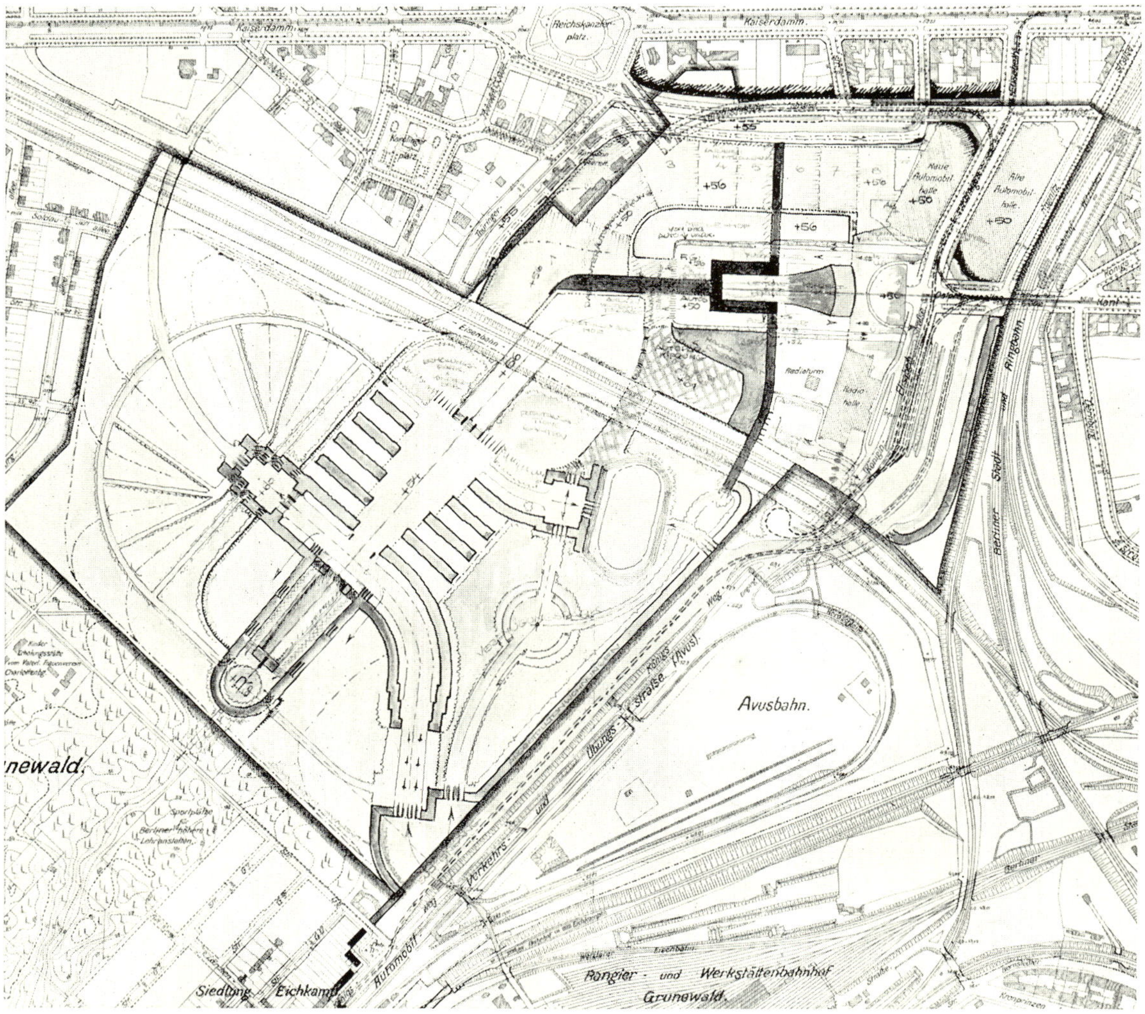

Wettbewerb Messegelände Berlin — Architekt Hans Scharoun, Breslau

Die Leistung HANS HERKOMMERS umreißt einen der seltenen Fälle, in denen Voraussetzung der Form eine ganz bestimmte ethische Einstellung zwangsläufig ist. Der geniale Theodor Lipps hat in seinen raumästhetischen Untersuchungen auf die tiefen und unzerstörbaren Zusammenhänge von Ethik und Ästhetik, von Persönlichkeit und Formausdruck hingewiesen. Und er hat neben der Unbedingtheit des Talentes drei Grundvoraussetzungen für wahrhaft wertvolle Baukunst aufgestellt: Charakter, Formwille, Glaube.

Herkommer hat diesen Glauben, womit bestimmte Kultgebundenheiten nicht fixiert sein sollen. Aber dieses innerliche Verbundensein mit der Wesenhaftigkeit eines Bauwerkes hat Herkommer gerade in Bauaufgaben religiöser Natur besonders befähigt.

Der diesem Buche verfügbare Rauminhalt erlaubt nicht, solche Andeutungen ausführlich zu belegen. Einer seiner neueren Kirchenbauten wird im Verhältnis zur Umgebung klargestellt, eine stark und wuchtig empfundene Krypta aufgezeigt. Eine Siedlungsanlage beweist die Prägnanz des Formwillens dieses Architekten, dem eine weniger absolut betonte Einstellung zum Dasein sehr wahrscheinlich erhöhte schöpferische Fähigkeiten entfesseln dürfte.

St. Michaelskirche in Saarbrücken, Altarraum
Architekt Hans Herkommer, Stuttgart

St. Michaelskirche in Saarbrücken, Krypta — Architekt Hans Herkommer, Stuttgart

St. Michaelskirche in Saarbrücken, Ostansicht

Südwestansicht

St. Paulusheim in Bruchsal, Vorlesekanzel im Speisesaal

Eingangshalle Architekt Hans Herkommer, Stuttgart

Wettbewerb der Stadtgemeinde Sindelfingen für ein Gemeindehaus mit Turnhalle, Schulgebäude und anschließendem Siedlungskomplex — Architekt Hans Herkommer, Stuttgart

Auch die österreichischen Architekten sind in diesem Buche vertreten durch den noch jungen ANTON BRENNER, Wien. Am stärksten betont in seinem Werke ist sicherlich der soziale Gedanke. Das Mitleben und das Miterleben des Daseins der großen Massen der minderbemittelten Bevölkerung der ehemaligen Hauptstadt Österreich-Ungarns hat ihm die Lösung der ungeheuren und dringenden Probleme der Wohnungsbeschaffung und der Kleinwohnungsgestaltung zur geradezu persönlich empfundenen Pflicht gemacht.

Er hat mit innerster Anteilnahme das Dasein des kleinen Mannes, des Industriearbeiters und seiner Familie bis in scheinbar nebensächliche Details hinein studiert und ist mit wachsendem Erfolge bemüht, den besonderen Lebensbedingtheiten des vierten Standes eine eigenartige Wohnform zu schaffen, die nicht mehr wie bisher einen verkleinerten und unbrauchbaren Abklatsch der Bürgerwohnung darstellt.

Die Begrenzung der verfügbaren Mittel durch das karg bemessene Einkommen und den daraus resultierenden, nur in geringer Höhe zu bemessenden Mietzins machen solche Aufgaben ganz besonders schwierig! Noch heute scheinen sie fast allen Industriestaaten der Welt als völlig unlösbar. So befaßt sich auch die Menge der Durchschnittsarchitekten nicht mit diesen Aufgaben, die zu den schönsten, wertvollsten und schwersten unserer Zeit zugleich gerechnet werden müssen.

Schaubild zum Volkswohnhaus der Stadt Wien XIV, Rauchfangkehrergasse — Architekt Anton Brenner, Wien

Die Grundrisse Brenners verdienen ein besonders eingehendes Studium: Eine Fülle brauchbarer Ideen fand hier erste Verwirklichung. Der wiedergegebene Entwurf des Hauses in der Rauchfangkehrergasse ist durch die Gemeinde Wien zur Ausführung gelangt und vom Architekten selbst bis in die Einzelheiten der inneren Ausstattung mit größter Sorgfalt durchgebildet.

Volkswohnhaus der Stadt Wien XIV, Rauchfangkehrergasse   Architekt Anton Brenner, Wien

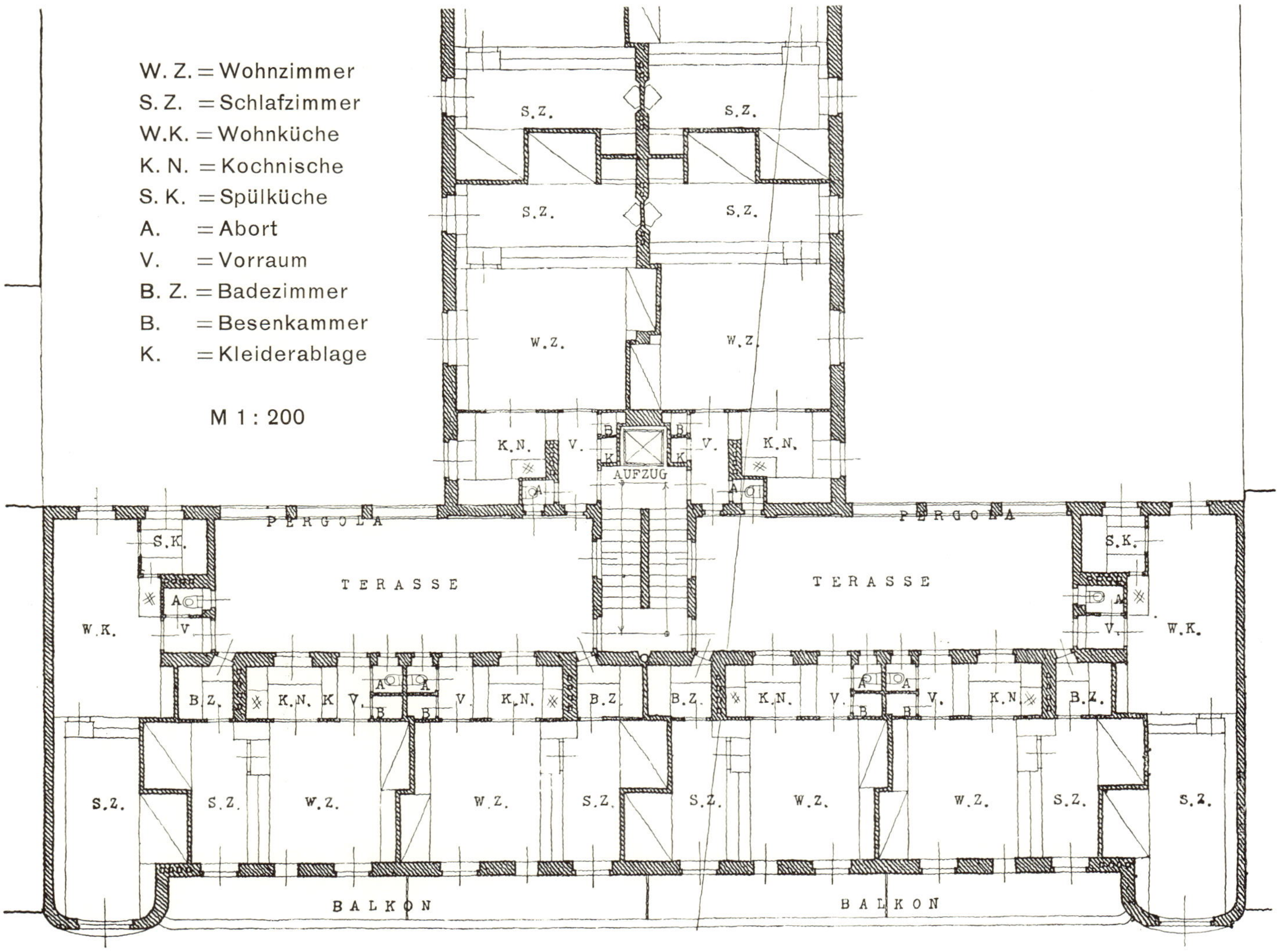

Grundelemente der Kleinwohnung. Entwurf für Wien XIX Architekt Anton Brenner, Wien

Siedlungsentwurf für Wien Architekt Anton Brenner, Wien

Auch OTTO BARTNING, Berlin, darf in dieser Zusammenstellung nicht fehlen, ist er doch auf seine besondere Weise von großem Einfluß auf die Entwicklung der jüngeren Baukunst in Deutschland gewesen. Ausgangspunkte seines Schaffens waren das Idyll und das englische Landhaus, von beiden hat er sich schon bald emanzipiert und seinen Weg besonders in Auswertung einer eigenen und sehr persönlichen Baukunst-Theorie gefunden. Besonders auf dem Gebiete des modernen Kirchenbaues hat Bartning anregend und bahnbrechend gewirkt und man darf nicht vergessen, zu bedenken, daß gerade die Eigenart des Kultbaues ihn besonders traditionsgebunden, jeder Neueinstellung abhold macht.
Dennoch ist es Bartning mit geduldiger Zähigkeit gelungen, dieses bedeutende Thema zur Diskussion zu stellen und auf seine Weise zu lösen. Die Bilder zeigen Ideen zu einer Rundkirche und den Entwurf für die neue dänische Kirche in Berlin.
Daneben ist Bartning seiner Ausgangsmaterie treu geblieben und hat manche Landhausbauten geschaffen, von denen das kürzlich vollendete Haus Wylerberg unstreitig als ein Höhepunkt seines Schaffens anzusprechen ist. Und — um auf ein Leitmotiv dieses Buches, auf ein besonderes Charakteristikum der jungen Baukunst zurück zu kommen: es ist vor allem die starke Landschaftsverbundenheit, die dieser Bauschöpfung Bedeutung verleiht und die vor allem beweist, daß es auch ganz eigenwertigem, durchaus traditionslosem Bauschaffen wohl gelingen kann, nicht nur mit den Zweckbedürfnissen, sondern auch mit einem ganz bestimmten Landschaftscharakter zu voller Einheit zu gelangen.

Gustav-Adolf-Kirche
in Charlottenburg,
Blick gegen die Emporen
Arch. Otto Bartning, Berlin

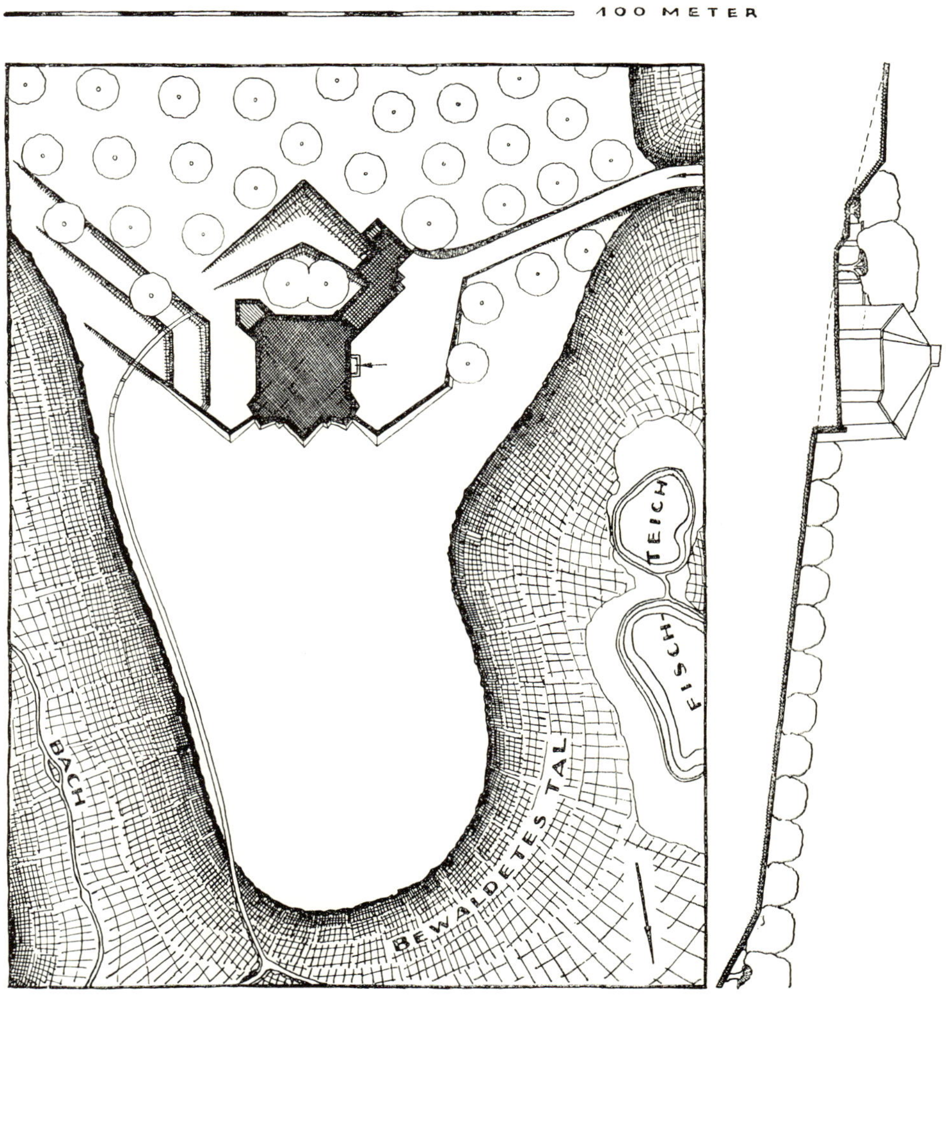

Haus Wylerberg bei Cleve,
Lageplan
Architekt Otto Bartning, Berlin

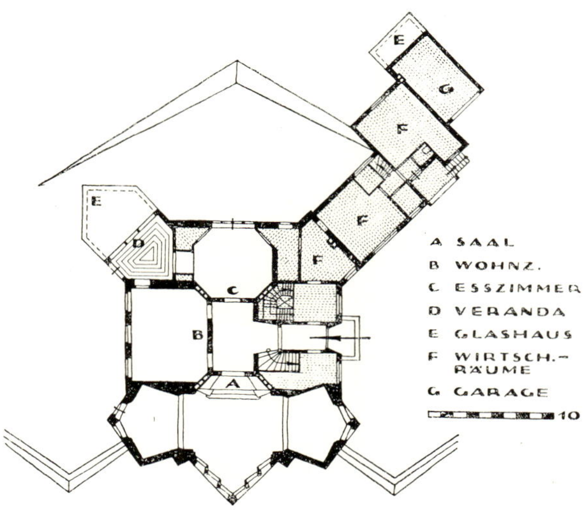

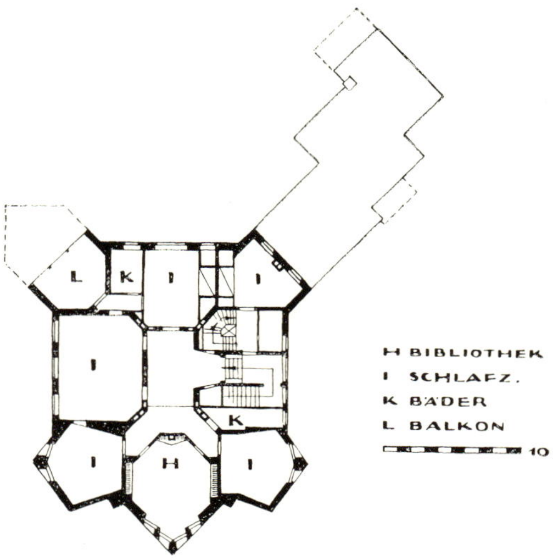

Haus Wylerberg bei Cleve

Architekt Otto Bartning, Berlin

Haus Wylerberg bei Cleve — Architekt Otto Bartning, Berlin

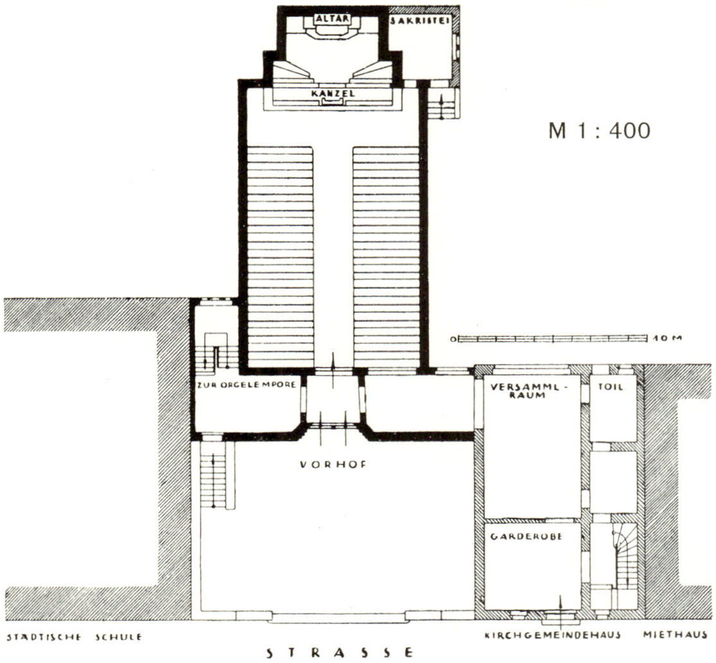

Dänische Kirche für Berlin
Architekt Otto Bartning, Berlin

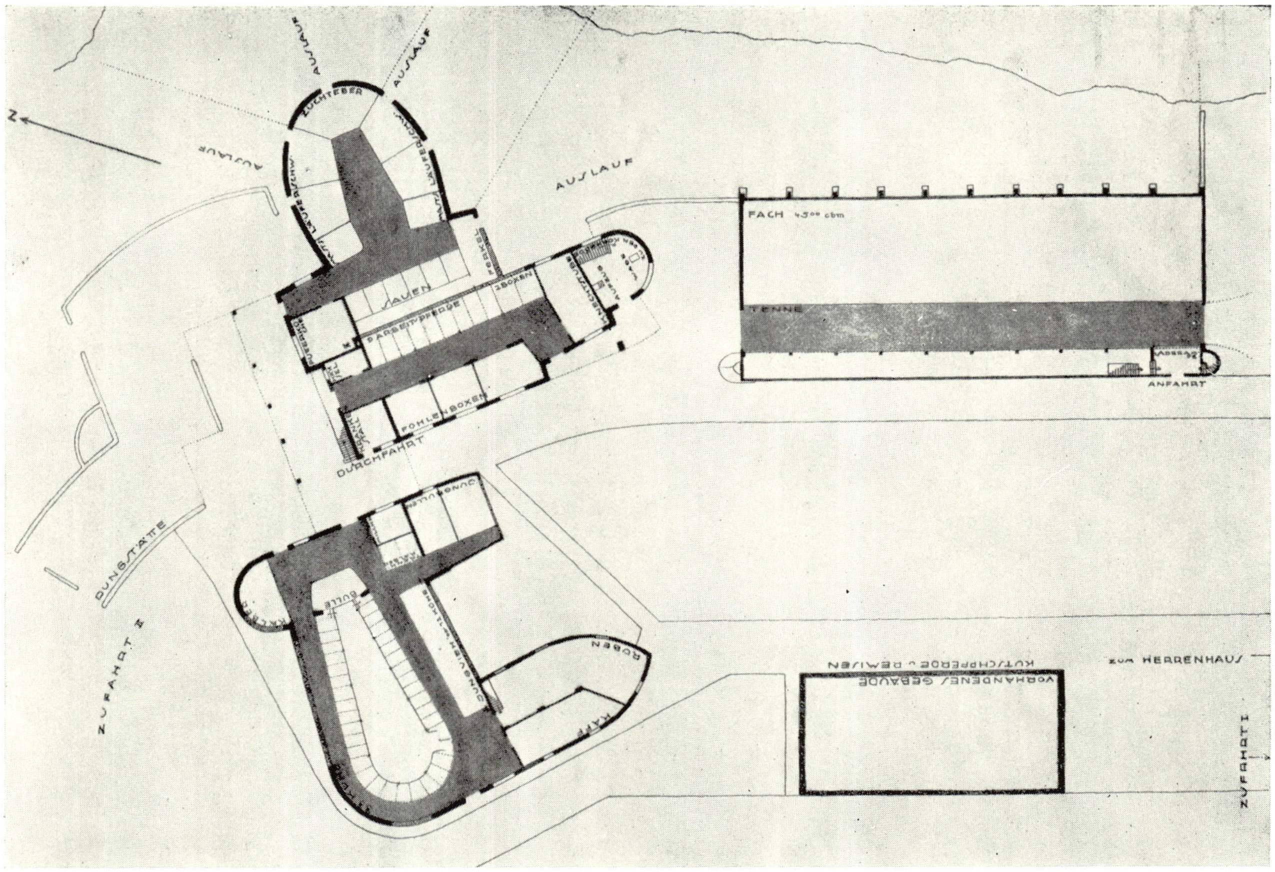

Entwurf zu einem Wirtschaftshof

Architekt Hugo Häring, Berlin

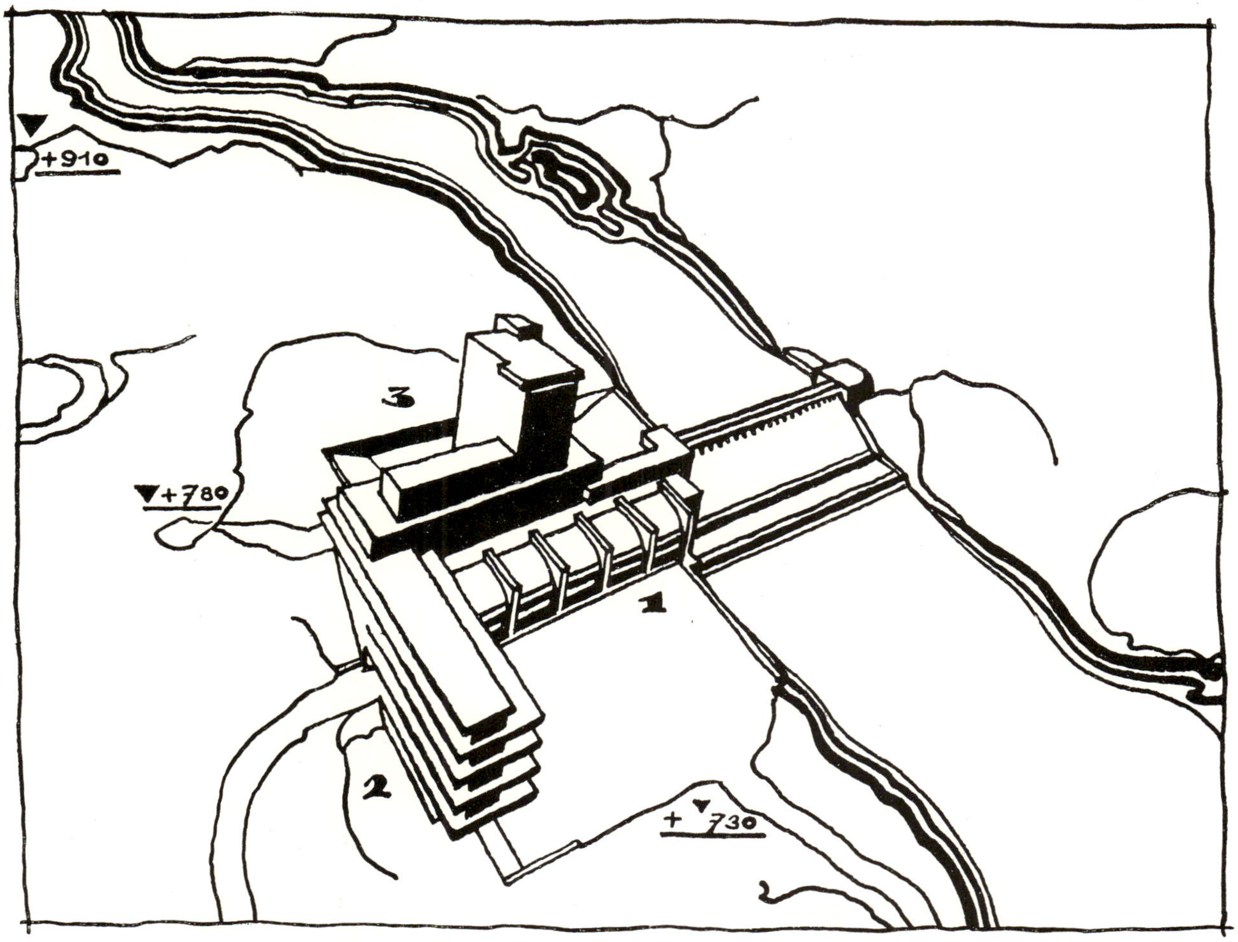

1 Fünfteilige Turbinenhalle 2 Seitengebäude mit Terrassen zur Lufttrocknung des Holzes 3 Büroverwaltung und Lagerhaus

Kraftwerk

Architekt Heinrich Kosina, Berlin

Entwurf für ein Hochhaus, Frankfurt a. O.

Verwaltungsgebäude Breslau

Linke-Hofmann-Lauchhammer Werk Archimedes, Presserei 1

Architekt Kurt Langer, Breslau

Der Architekt THILO SCHODER, Gera, ist aus dem Atelier van de Veldes hervorgegangen, der seinerzeit in Weimar jene hochwertige Kunstgewerbeschule ins Leben gerufen hat, die nach seinem Ausscheiden und nach dem Ende des großen Krieges zum „Bauhaus“ umfrisiert wurde. Schoder hat von seinem verehrten Lehrer zunächst den starken kunstgewerblichen Einschlag übernommen, der das Schaffen van de Veldes zu jener Zeit charakterisierte. Aber je mehr Schoder nach dem Kriege mit eigenen Aufgaben in Berührung kam, desto mehr verschwand die kunstgewerbliche Note, um einem unerwartet starkem plastischen Empfinden Raum zu geben. Das Landbundhaus für Weimar und das Haus Lessner in gleicher Stadt sind Belege für diese persönlich gereifte Gestaltungsform, und nicht

Haus Lessner, Weimar, Gartenansicht — Architekt Thilo Schoder, Gera

ohne Absicht sind hier zwei Bildausschnitte des Hauses Lessner in größerem Maßstab wiedergegeben, um die oft geradezu elementare Plastik des Baugeschehens aufzuzeigen. Mag diese Körperhaftigkeit manchmal zu stark, im Verhältnis zur Aufgabe zu monumental erscheinen: Das Nicht-Flächige, das Un-Lineare der Arbeiten Schoders ist sicherlich der größte Vorzug und der stärkste Beleg für die baukünstlerische Gestaltungskraft ihres Verfassers.

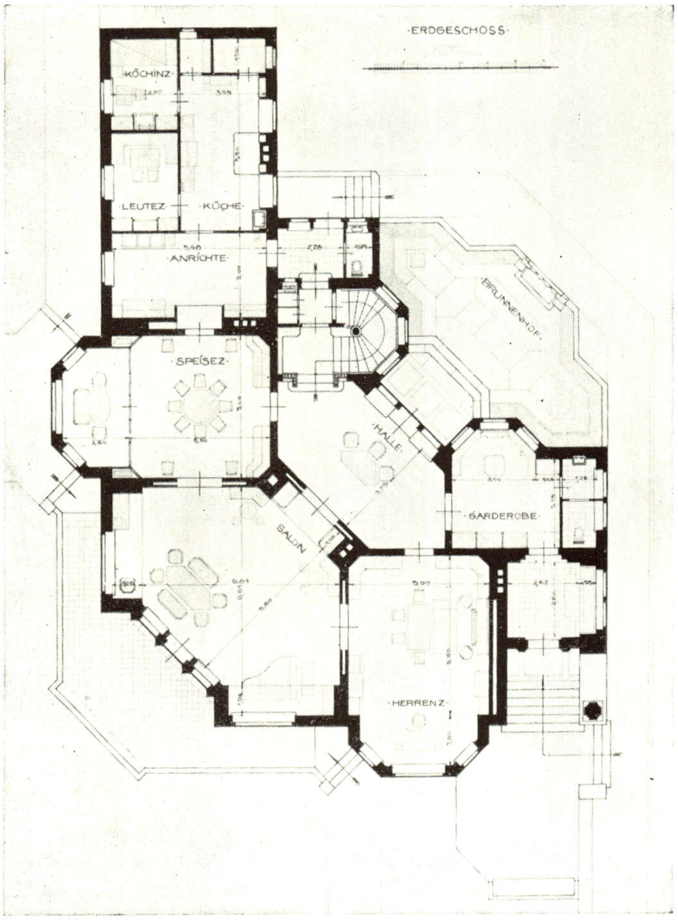

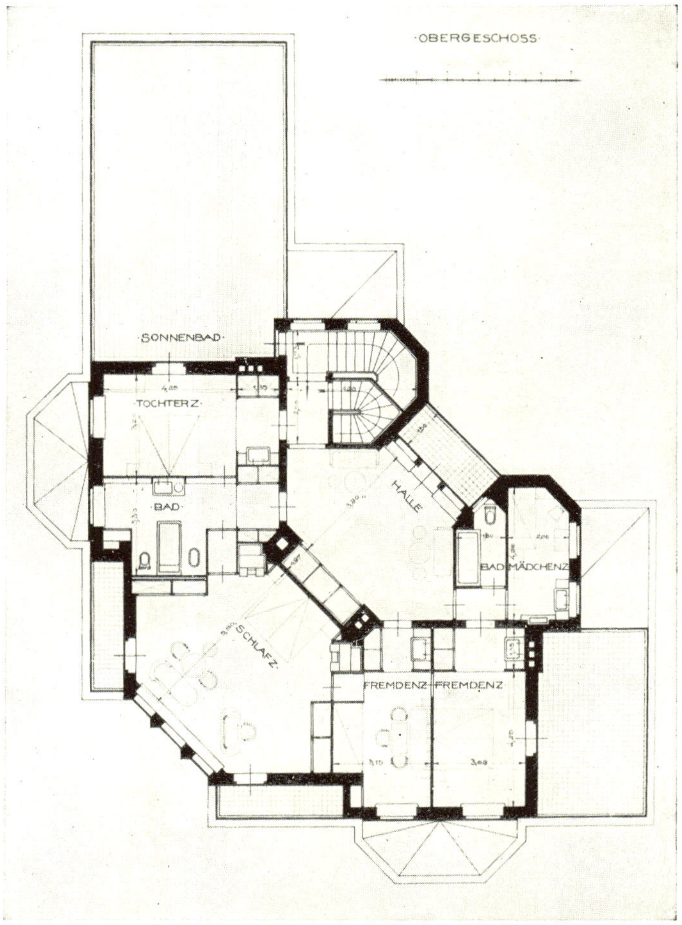

Grundrisse Haus Lessner, Weimar

Architekt Thilo Schoder, Gera

Modell Haus Lessner, Weimar

Architekt Thilo Schoder, Gera

Haus Lessner, Weimar,
Haupteingang
Architekt Thilo Schoder,
Gera

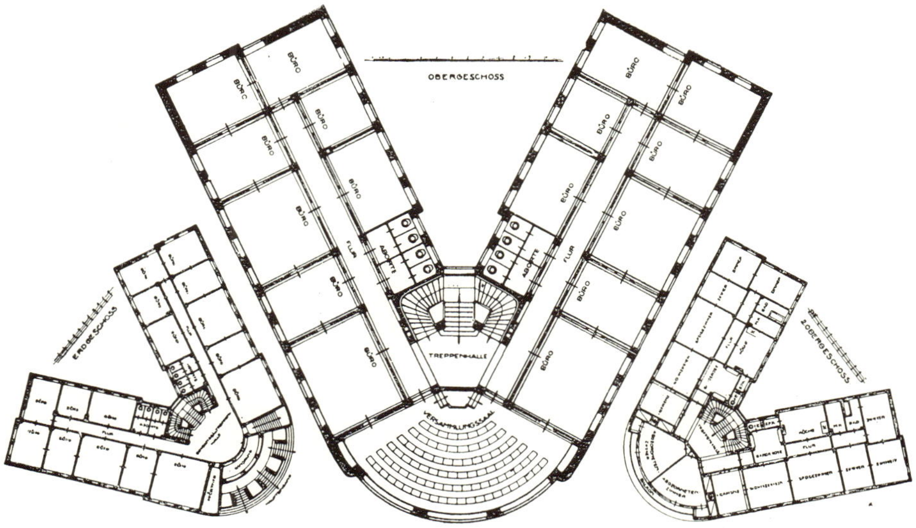

Grundrisse

Landbundhaus, Weimar — Architekt Thilo Schoder, Gera

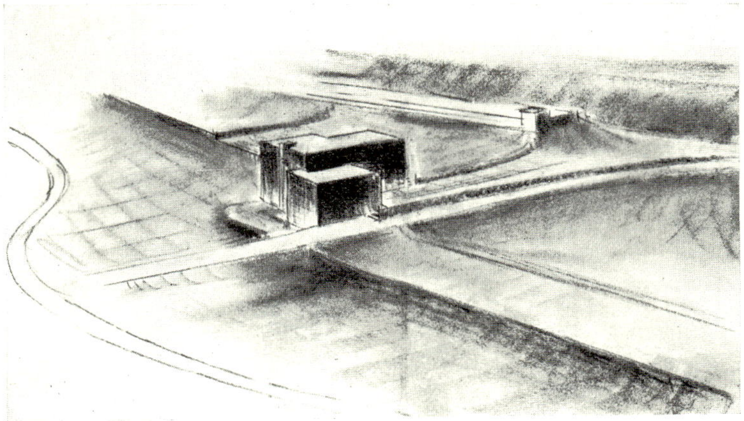

Situationsskizze des Baukörpers

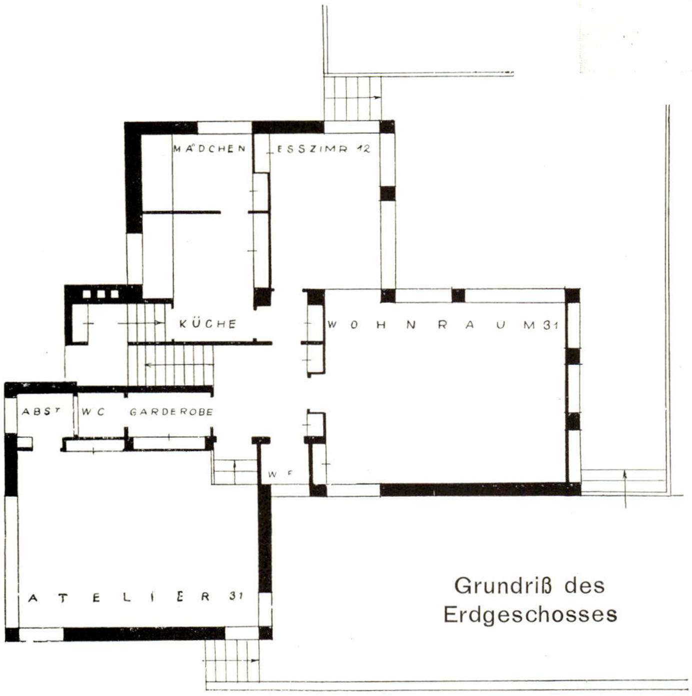

Grundriß des Erdgeschosses

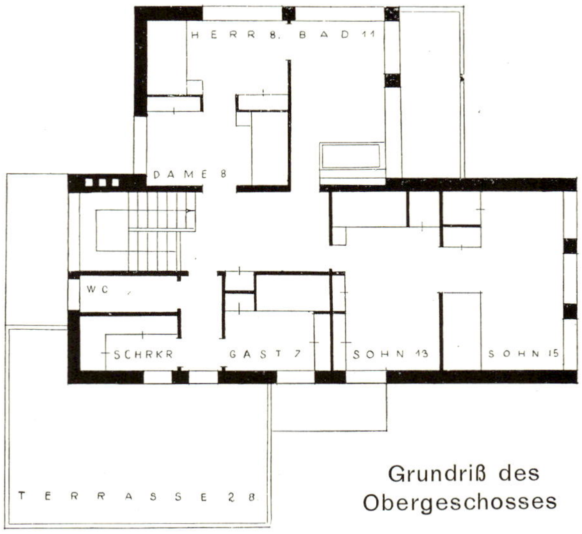

Grundriß des Obergeschosses

Schaubild der Nordwestseite, vom Fuchsturmweg gesehen

Wohnhaus Dr. D., Jena

Architekt Adolf Meyer, Weimar

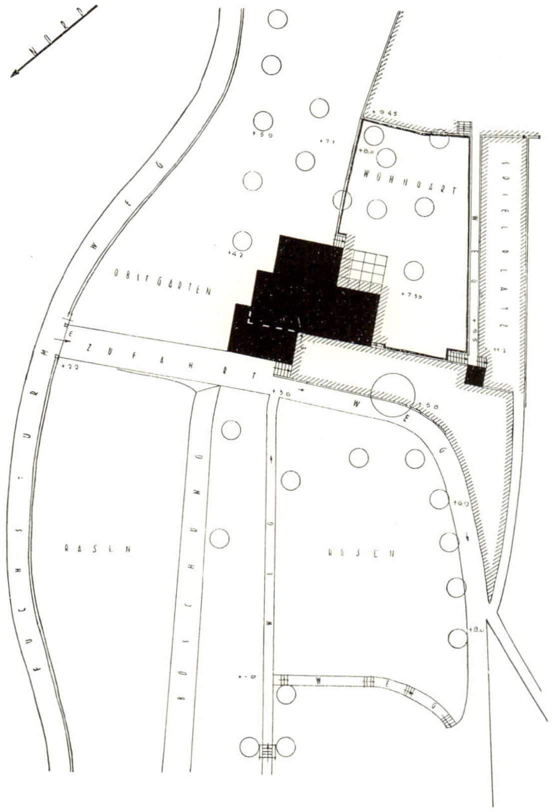

Wohnhaus Dr. D., Jena Lageplan

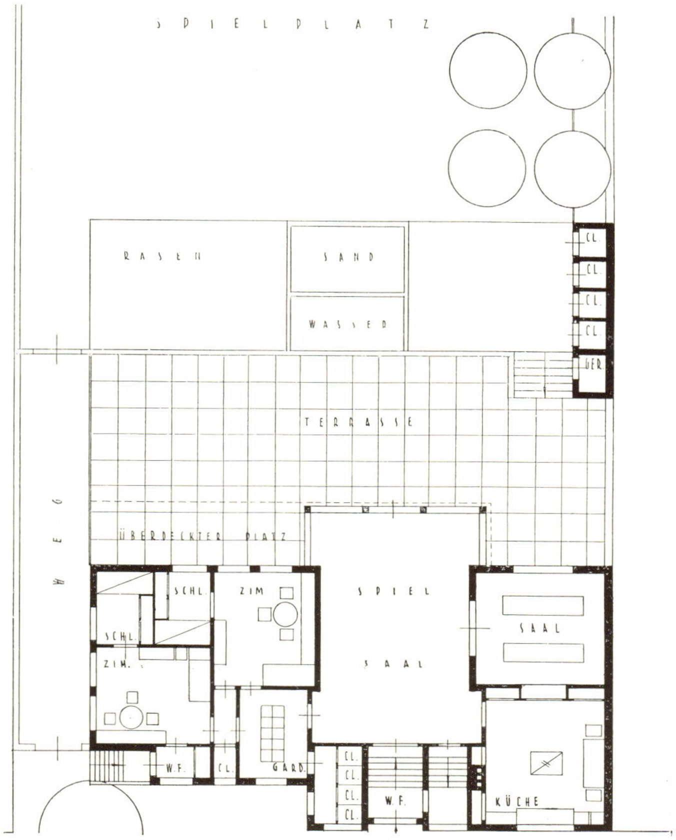

Kindergarten für eine Landgemeinde in Thüringen mit Wohnung für die Kindergärtnerin und die Gemeindeschwester. (Eingebautes Grundstück.)

Schaubild der Eingangsseite (rechtsseitig an bestehendes Wohnhaus angebaut)

Kindergarten Architekt Adolf Meyer, Weimar

Das Mittelstandshaus mit Einbaumöbeln Architekt Ernst May, Frankfurt a. M.

Haus Bonefeld, Köln — Architekt Adolf Kintgen, Köln

Besatzungsbauten — Architekt Josef Ruff, Köln

Entwurf zu einer Mühlenanlage — Architekt K. P. Andrae, Dresden

Der Architekt H. DE FRIES, Berlin, ist zugleich Verfasser dieses Buches, in dem einige seiner Modellplanungen nach Ansicht ziemlich verläßlicher Leute nicht fehlen sollten. Er will hier kein Programm entwickeln, das überdies vielleicht schon bei Erscheinen dieses Buches überholt sein könnte.

Die Abbildungen zeigen eine Folge von Grundrissen und Modellphotographien, in der die neueren Arbeiten an erster Stelle stehen: die also eigentlich umgekehrt zu lesen sind. In der Tat bedeutet der Entwurf für ein Bürogebäude in Königsberg den Beginn einer Arbeitsrichtung, die eine vollständige Abkehr vom Begriff der „Fassade" zum Ziele hat, aufbauend auf einer Neuformung des Grundrißgedankens. Was hier vielleicht Programm ist, sei durch das unbequeme Wort „Sonderfunktionsdurchbildung" angedeutet, einen Begriff, der von dem bedingten „Selbstbestimmungsrecht" der Einzelteile eines Bauwerkes ausgeht.

Die auf dieser Basis entstandenen Einzelkörper sind dann rhythmisch und melodisch in gemeinsamer Idee gebunden. Die Abbildungen zeigen die Entwicklung dieses Themas, aber auch die große und unerwartete Wandlungs- und Variationsfähigkeit jener Gestaltungselemente. Der Verfasser sieht die hier an einem Einzelthema gezeigte Entwicklung eines Baugedankens keineswegs als beendet an. Im Entwurf „Standard" sind die Einzelkörper schon fast völlig voneinander getrennt, nur in jedem Vollgeschoß durch Brückengänge verbunden. Die modellplastische Durchbildung der einzelnen Objekte, ihr Verhältnis zur Sonne, zu Straße, Platz, Umgebung und Bannwerk, die praktische Nutzbarkeit der Grundrißform und die städtebaulichen Auswirkungen des Ganzen müssen der Beurteilung des jeweiligen Lesers überlassen bleiben.

Modellwettbewerb Exportmesse, Hamburg. Entwurf Wiking
Architekt H. de Fries

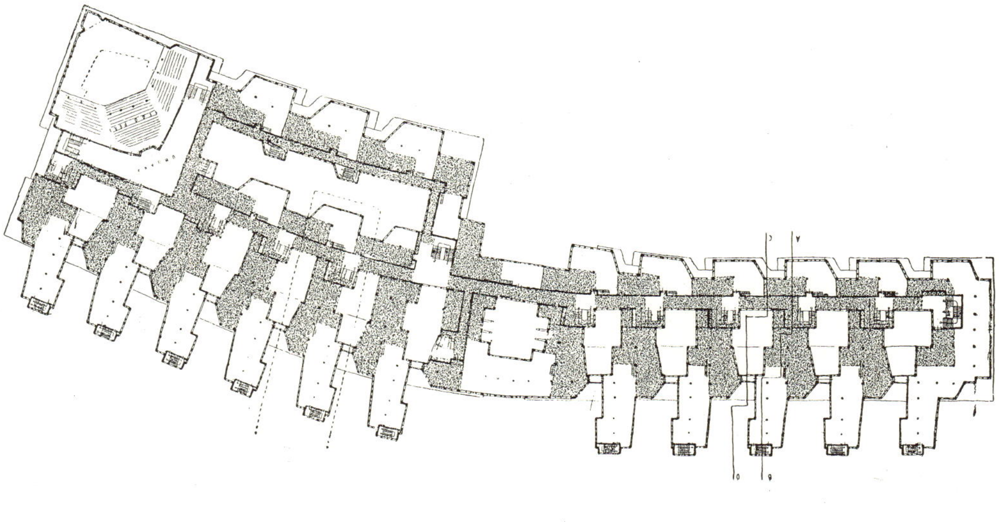

Modellwettbewerb Exportmesse Hamburg, Entwurf Standard Architekt H. de Fries, Berlin

Modellwettbewerb Exportmesse Hamburg, Entwurf Standard Architekt H. de Fries, Berlin

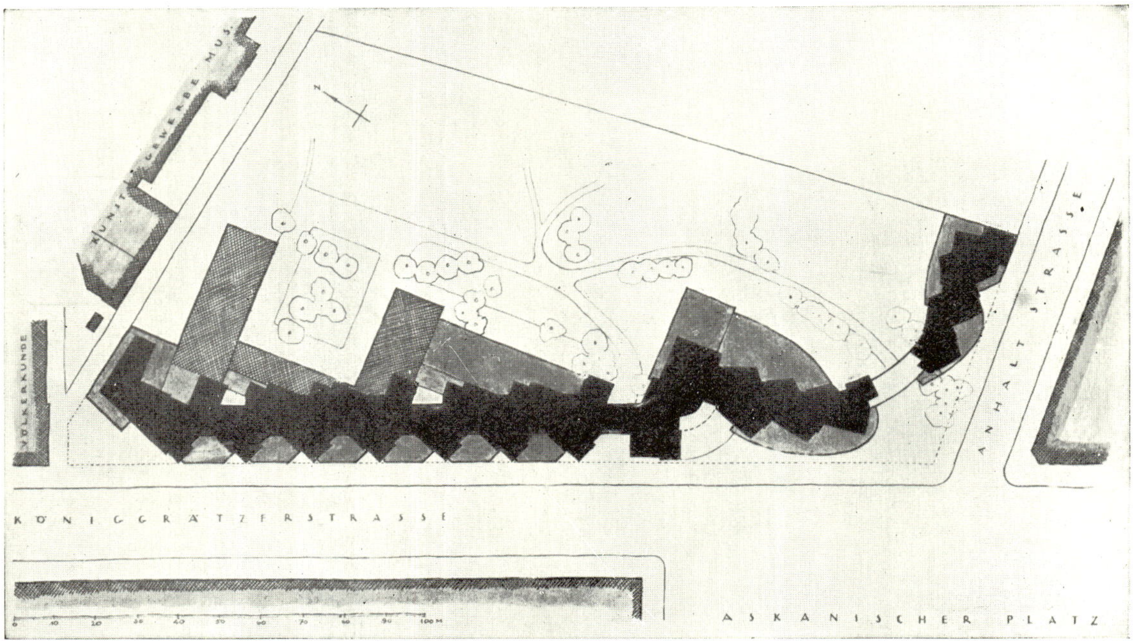

Lageplan mit vorhandenem Baumbestand (Kreuzschraffiert: der Schinkelbau)

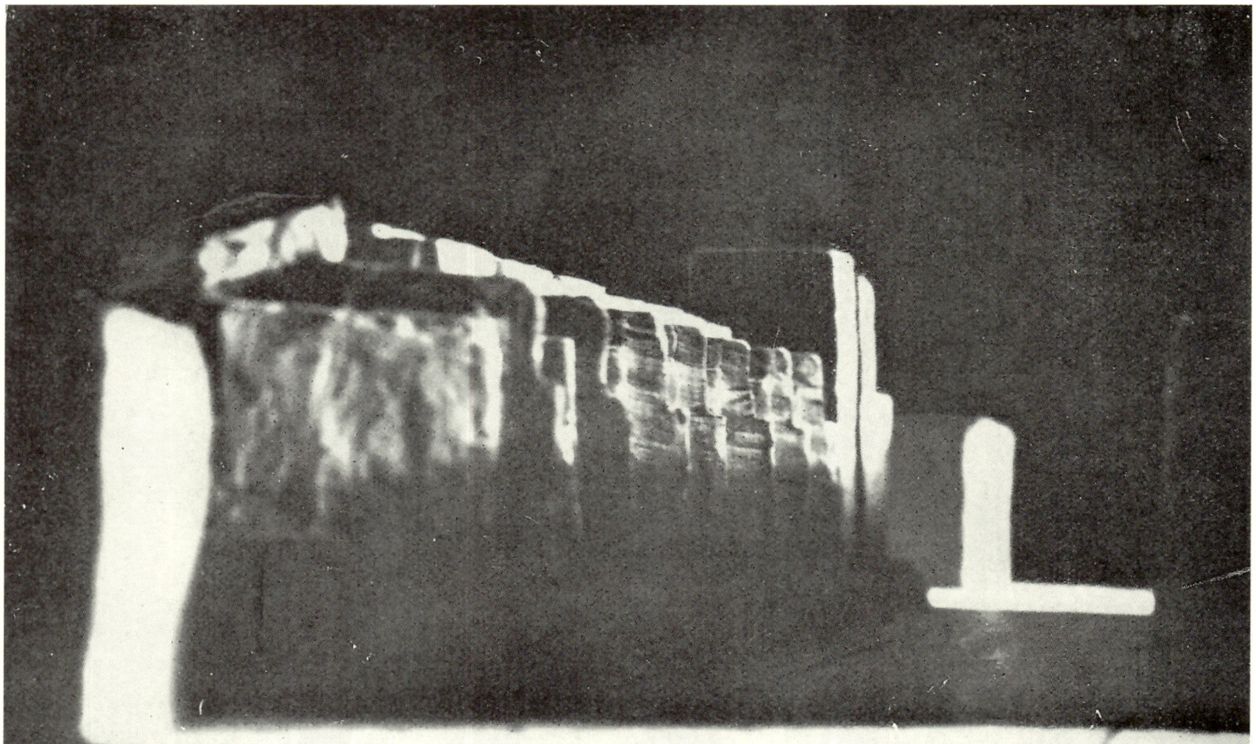

Entwurf für eine Randbebauung des Parkgeländes an der Königgrätzer Straße, Berlin
Architekt H. de Fries, Berlin

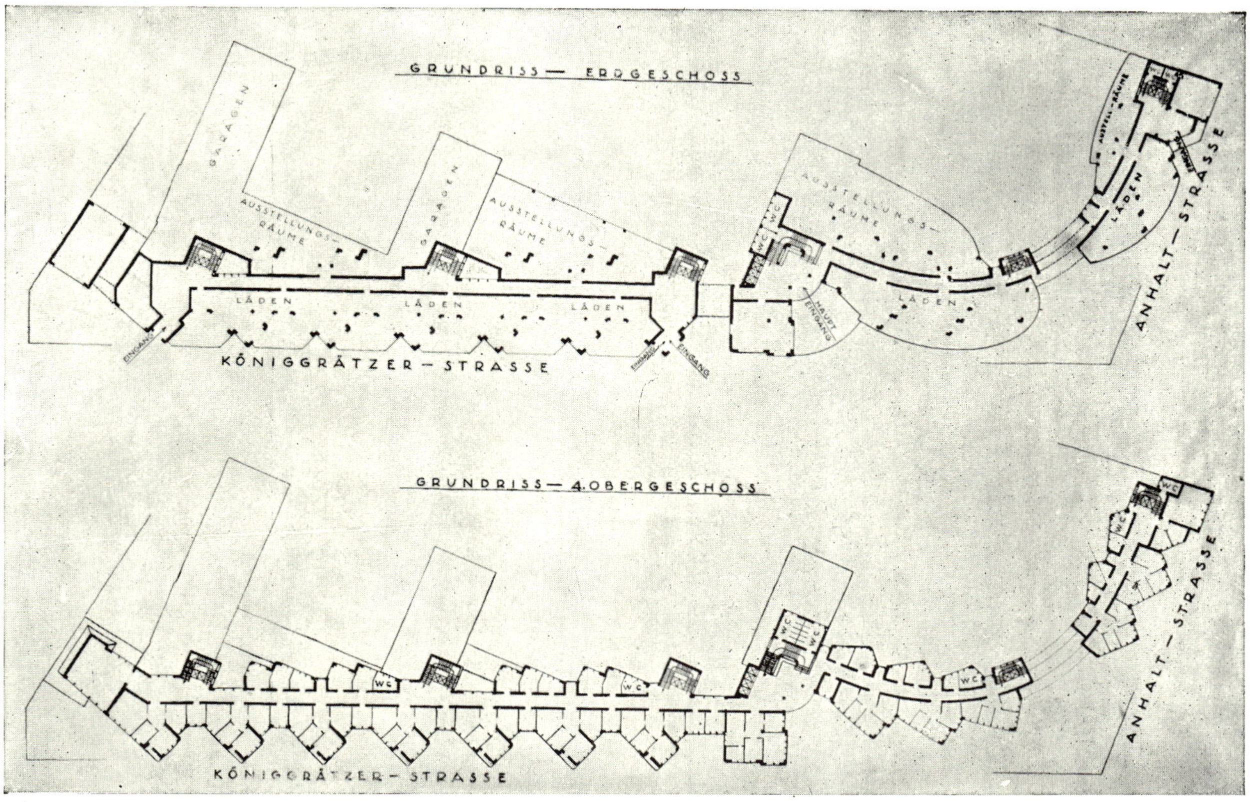

Entwurf für eine Randbebauung des Parkgeländes an der Königgrätzer Straße, Berlin
Architekt H. de Fries, Berlin

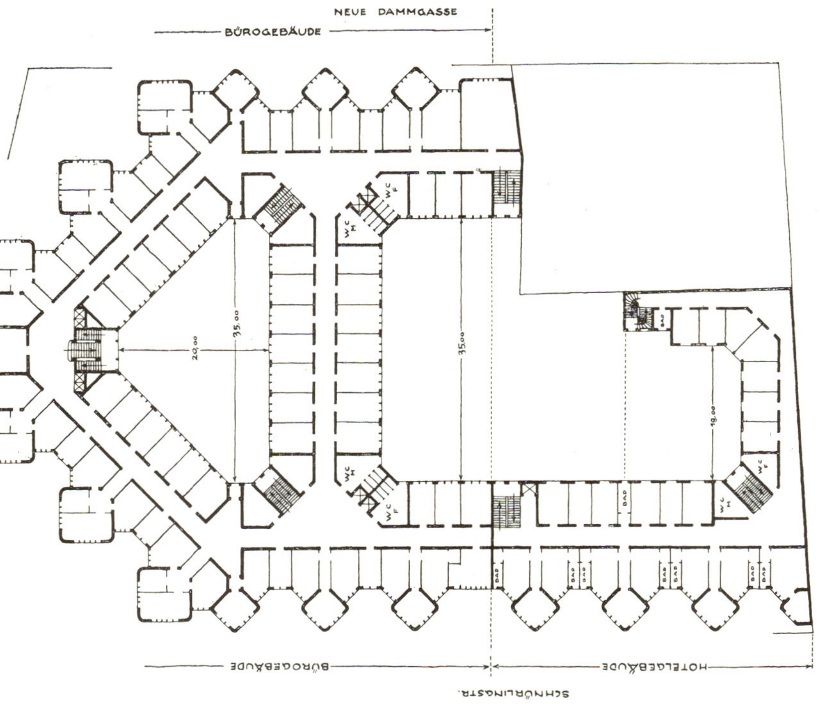

Grundriß 1.–7. Obergeschoß

Wettbewerbsentwurf für ein Büro- und Geschäftshaus i. Königsberg/Pr. Architekt H. de Fries, Berlin

RICHARD DÖCKER, Stuttgart, gehört dem Alter nach zu den Jüngsten in der Zahl der Architekten, die dieses Buch nicht ohne Absicht vereinigt. Doch hat er schon viel gebaut, vor Aufgaben recht verschiedener Art gestanden und sich bewährt. Erinnert sei an Hochhausentwürfe für Stuttgart, die hier nicht abgebildet werden konnten, hingewiesen sei auch bei diesem Architekten auf die enge, speziell süddeutsche Landschaftsverbundenheit seiner Bauwerke, die besonders stark in der Siedlung „Am Weißenhof" zum Ausdruck kommt. Betonte Beachtung verdient hier die städtebauliche Leistung des Lageplanes.

Die Abbildungen zeigen einiges aus seinem Schaffen der letzten Jahre: Eine bis ins Detail sehr einheitlich durchgearbeitete Schule, die bei allem Zukunftswillen Härten gegenüber Aufgabe und Umgebung vermeidet. Ein Verwaltungsgebäude und Wohnanlagen, die mit konsequenter Zielsetzung (Dachgauben!) der Sonnenbewegung angepaßt und eingeordnet sind. Einen Landhausbau, dessen Formgestaltung bei aller süddeutscher Reserviertheit die Elemente der Massenauflösung, die Verkröpfung mit der Luft und die neukonstruktiven Möglichkeiten keineswegs vernachlässigt. Gegenüber den heftigen Bemühungen konstruktivistischer Schreihälse, die neue technische Möglichkeiten auch allzugern mit „neuer Baukunst" verwechseln, seien hier einige Sätze Döckers wiedergegeben, die in knapper Form mehr von diesem Architekten aufzeigen und Wesentlicheres vermitteln als lange Erläuterungsberichte es vermögen:

Toilette-Möbel mit Sessel
Architekt Richard Döcker, Stuttgart

„Ein Eisenbetonbau ist nur der, der das innere Wesen der Eisenbetonkonstruktion, nämlich die bisher unbekannte Statik und Dynamik als Ausgangspunkt der Gestaltung nimmt. Der Wesensinhalt des Begriffes Eisenbeton besteht nicht in der Möglichkeit, ungeheure Spannweiten zu überbrücken oder in der Fläche große freitragende Konstruktionsmöglichkeiten zu gestalten, die weit über das bisher übliche Maß des Steinbaues hinausgehen, sondern im Raum dreidimensional freitragende Gebilde zu verwirklichen, die dem bisherigen Gefühl statischen Erlebens fremd, d. h. unstatisch im alten Sinne sind und somit ungeahnte Möglichkeiten in der Hand schöpferischer Impulse darstellen."

Haus S. in Stuttgart
Architekt Richard Döcker, Stuttgart

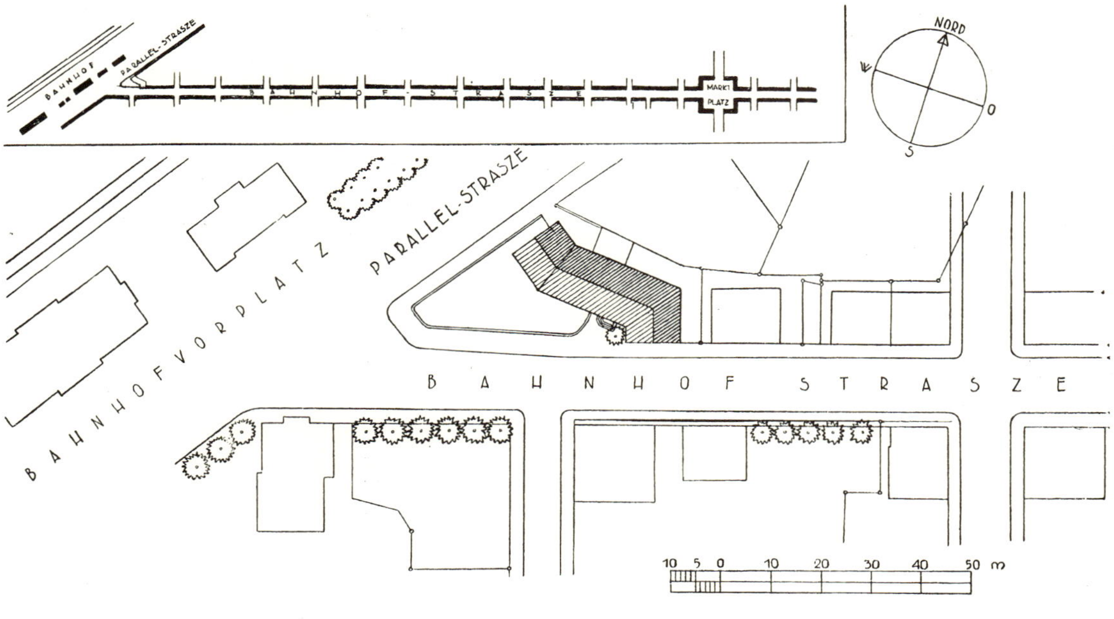

Verwaltungsgebäude mit Wohnungen des G. V. Überlandwerkes Tuttlingen Architekt Richard Döcker, Stuttgart

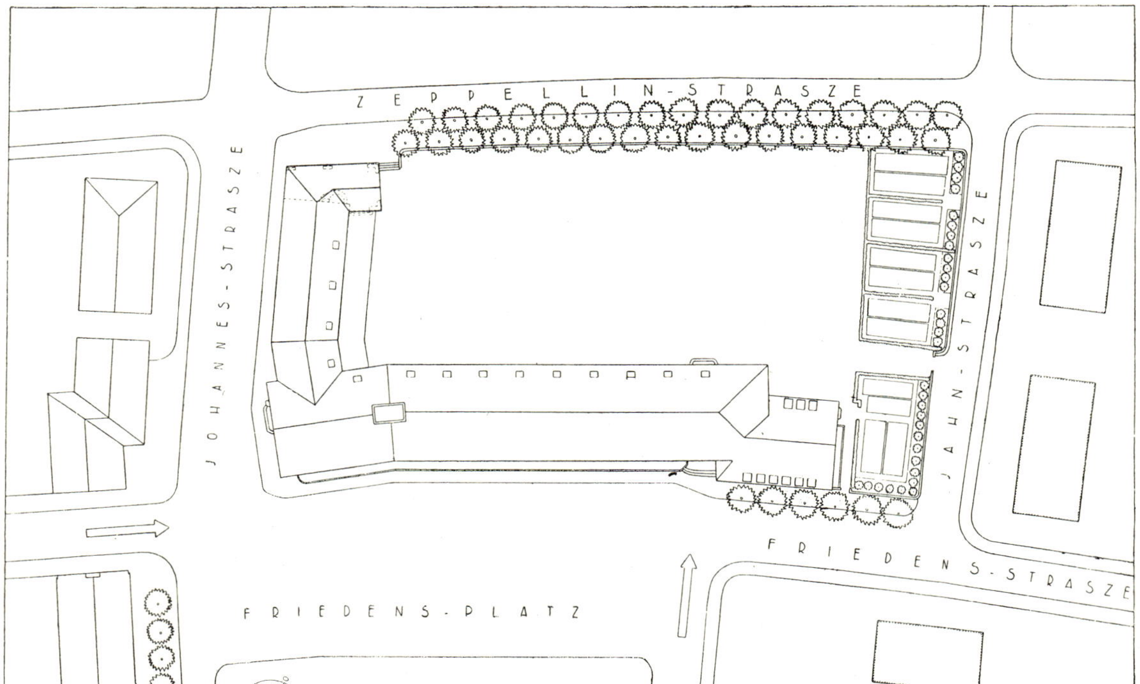

Friedensschule Trossingen

Architekt Richard Döcker, Stuttgart

Friedensschule Trossingen
Architekt Richard Döcker, Stuttgart

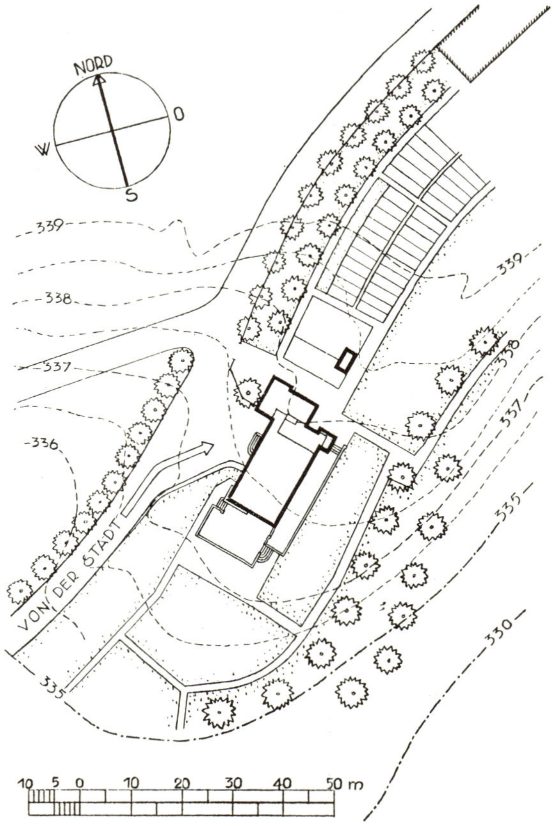

Haus K. in Göppingen
Architekt Richard Döcker, Stuttgart

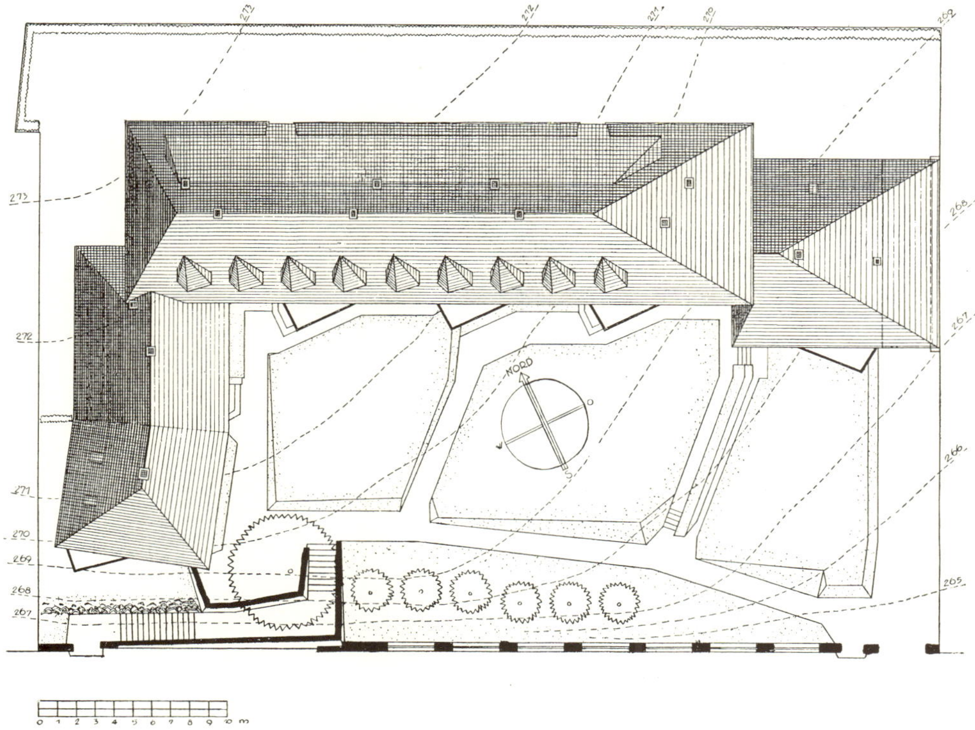

Miethaus der L.B.G. in der Mönchstraße in Stuttgart
Architekt Richard Döcker, Stuttgart

Siedlung am Weißenhof um Stuttgart

Architekt Richard Döcker, Stuttgart

Siedlung am Weißenhof um Stuttgart

Architekt Richard Döcker, Stuttgart

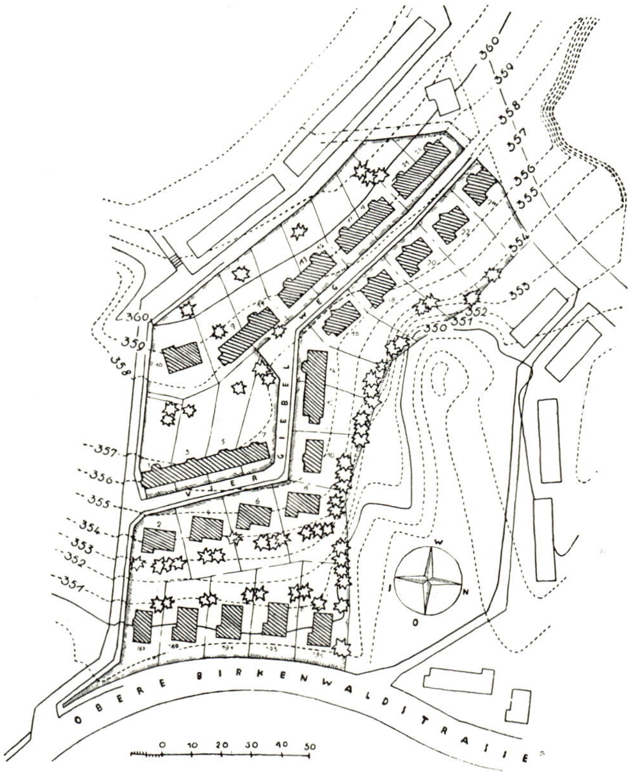

Lageplan M 1: 2500

Siedlung am Weißenhof um Stuttgart

Architekt Richard Döcker, Stuttgart

Architekt WILHELM RIPHAHN, Köln. Nichts vielleicht ist charakteristischer für Art, Entwicklung und Zielsetzung dieses Architekten, wie der Basteibau am Rheinufer in Köln. Geht man von der unförmigen Hohenzollernbrücke stromabwärts, so gelangt man bald zu diesem eigenartigen, nicht eben großen Bauwerk, das den Meßbauten der anderen Stromseite gegenübergestellt ist und in eigenwilliger und zugleich heiter überzeugender Weise das ganze Gesicht dieses linken Rheinuferteils recht eigentlich zu bestimmen scheint. An einem Knick des Stromes gelegen, errichtet auf dem alten, massiven, aber recht kleinen Unterbau eines früheren Befestigungsturmes ragt es sogleich über den Rand dieses übernommenen Sockels kühn nach allen Seiten hinaus, um nun erst in einer lebendigen Konstruktion von Glas und Eisen seine eigene Charaktergestaltung zu vollziehen, fast völlig befreit scheinbar von der Basis, aus der es doch entwachsen ist. Die Bilder zeigen, wie weich, wie reibungslos die luftige Silhouette dieses Bauwerkes sich mit der Landschaft, dem Strom und den Brücken vermählt. Und dennoch darf man nie vergessen, daß eine so geartete Bauleistung in einer bewegten und gelösten, nie gebundenen oder belasteten Heiterkeit eigentlich nur in Köln möglich ist.

So sind auch seine anderen Bauten: Auf den wenigen, wirklich zuverlässigen Grundlagen der Vergangenheit fußend, zeigen sie die einzelnen Stationen einer Entwicklung, in der leidenschaftlicher Wille nach Form dominiert, ohne der gelassenen Heiterkeit der Weltbetrachtung je ganz zu entraten. Auch sein eigenes Haus zeigt — ohne Gewaltsamkeit — diesen Entwicklungsgang, und daß es sich so gut mit den Bäumen und seinem Garten verträgt, ist schon fast Beweis genug.

Die Hauptarbeit Riphahns gilt jedoch den großen sozialen Bauaufgaben, und er hat in noch jungen Jahren einen sehr erheblichen Teil der neuen Siedlungs- und Kleinwohnungsanlagen der Stadt Köln neu geschaffen. Auch sie verleugnen — bei allem programmatischen Willen des Erbauers — niemals seine Kölner Eigenart und bemühen sich sehr, auch im Formalen der Absicht bester Wohnlichkeit zu dienen. Daß Riphahn noch keineswegs sich fertig und mit dem Erreichten zufrieden fühlt, das zeigen vor allem seine beiden Entwürfe für ein Siedlungsgelände in Köln aus dem Jahre 1925, die besonders im 2. Vorschlage so überraschende und neuartige Lösungsmöglichkeiten aufzeigen, daß sich von der weiteren Leistung dieses Architekten sicherlich noch viel erwarten, ja erhoffen läßt.

Restaurant Bastei, Köln

Architekt Wilhelm Riphahn, Köln

M 1:400

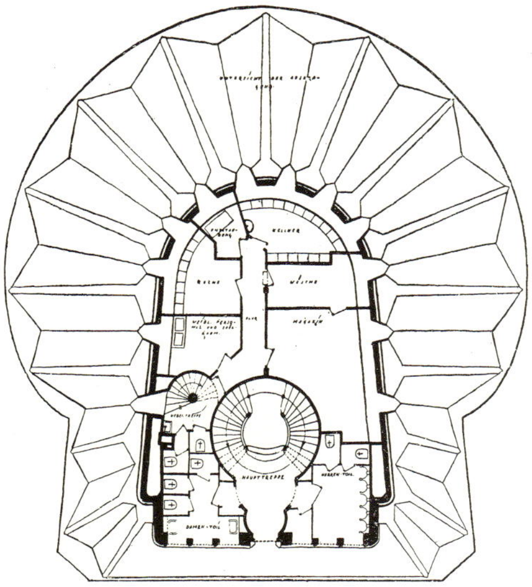

Zwischengeschoß

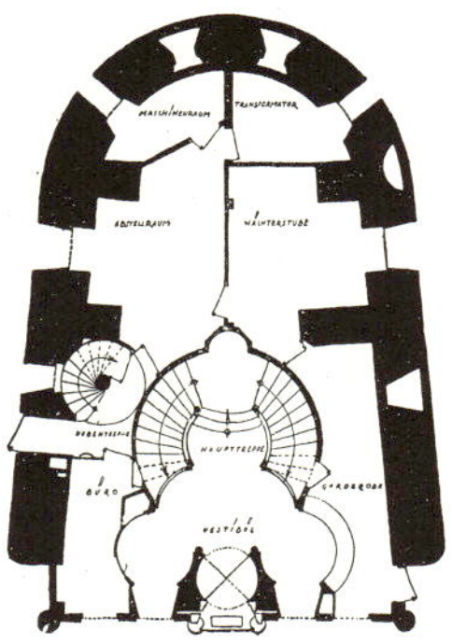

Erdgeschoß

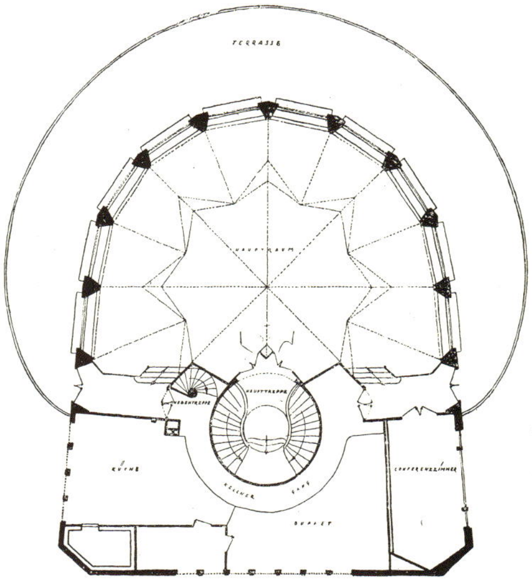

Hauptgeschoß

Restaurant Bastei, Köln

Architekt Wilhelm Riphahn, Köln

Straßenansicht

Haus R. in Köln, Gartenansicht　　Architekt Wilhelm Riphahn, Köln

Haus R. in Köln

Architekt Wilhelm Riphahn, Köln

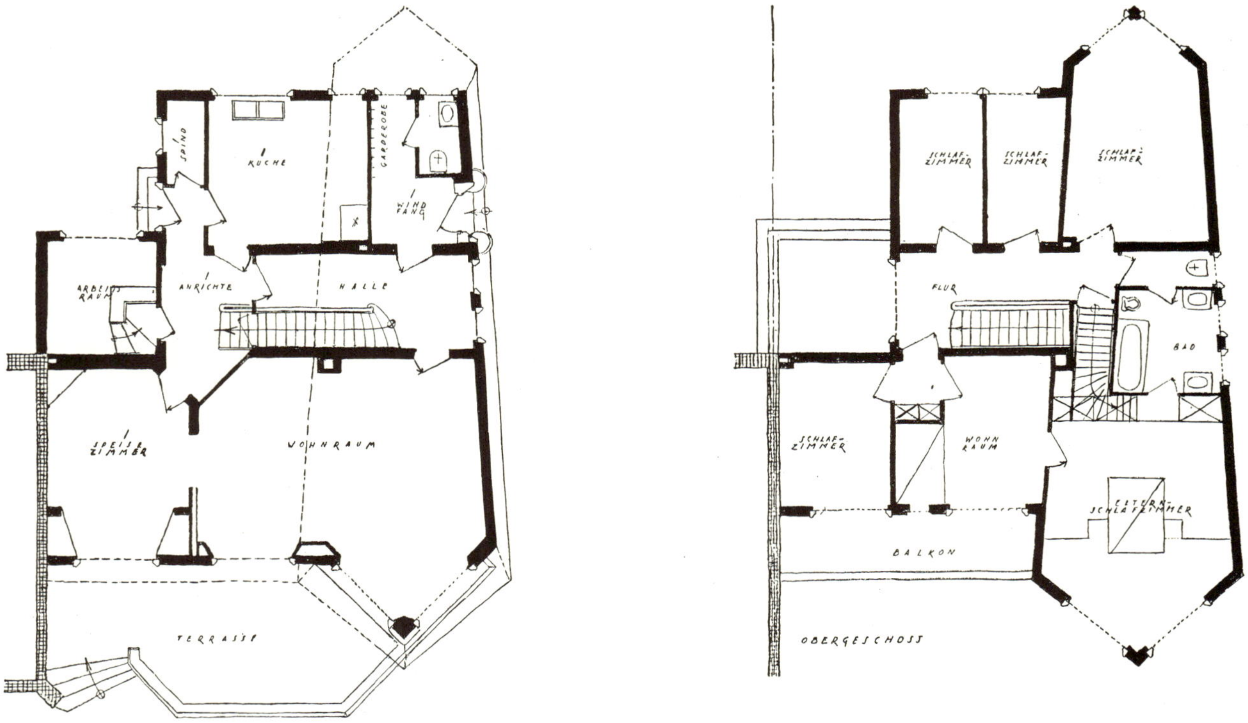

Haus R. in Köln
Architekt Wilhelm Riphahn, Köln

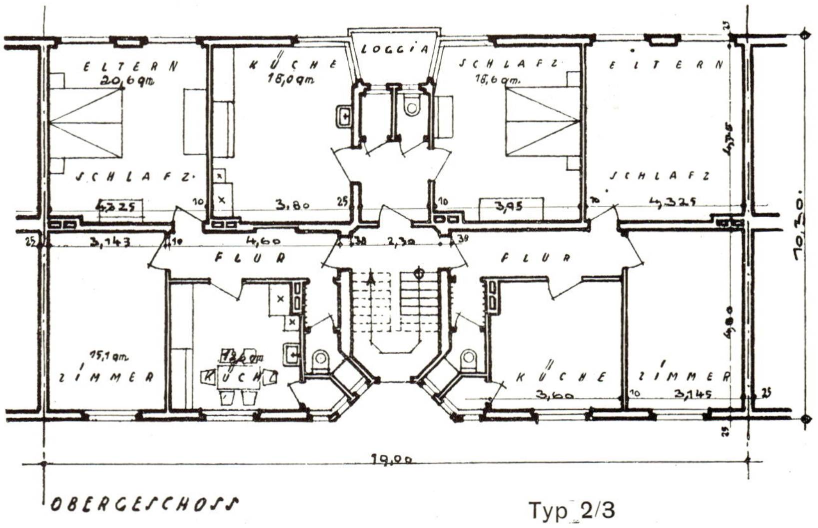

Typ 2/3

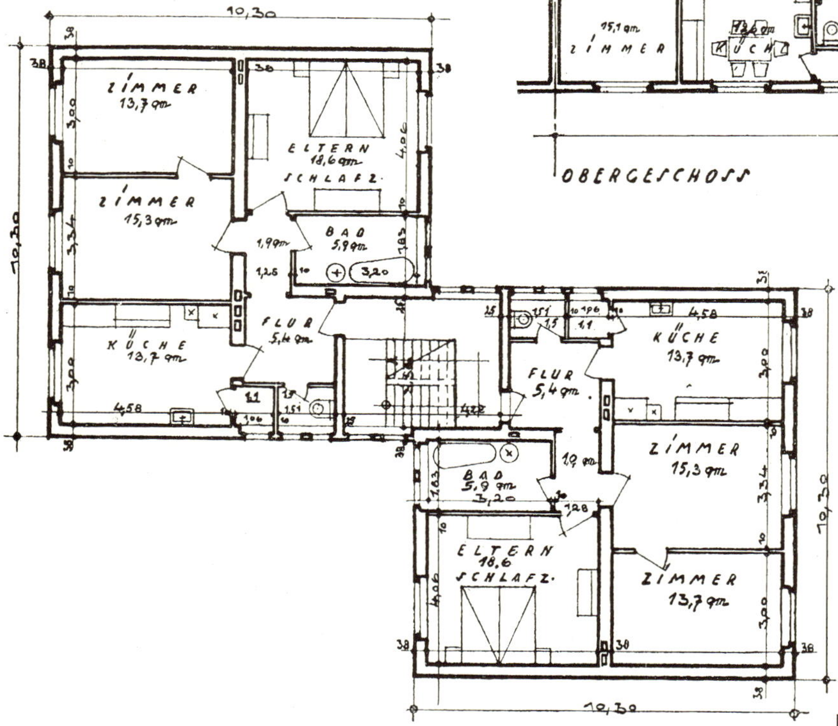

Ecktyp 4

Zum Wettbewerb zur Erlangung eines Bebauungsplanes für die Erschließung eines Geländes in Köln-Zollstock

Grundrißlösungen zum 1. Preis

Verfasser Architekt Wilhelm Riphahn, Köln

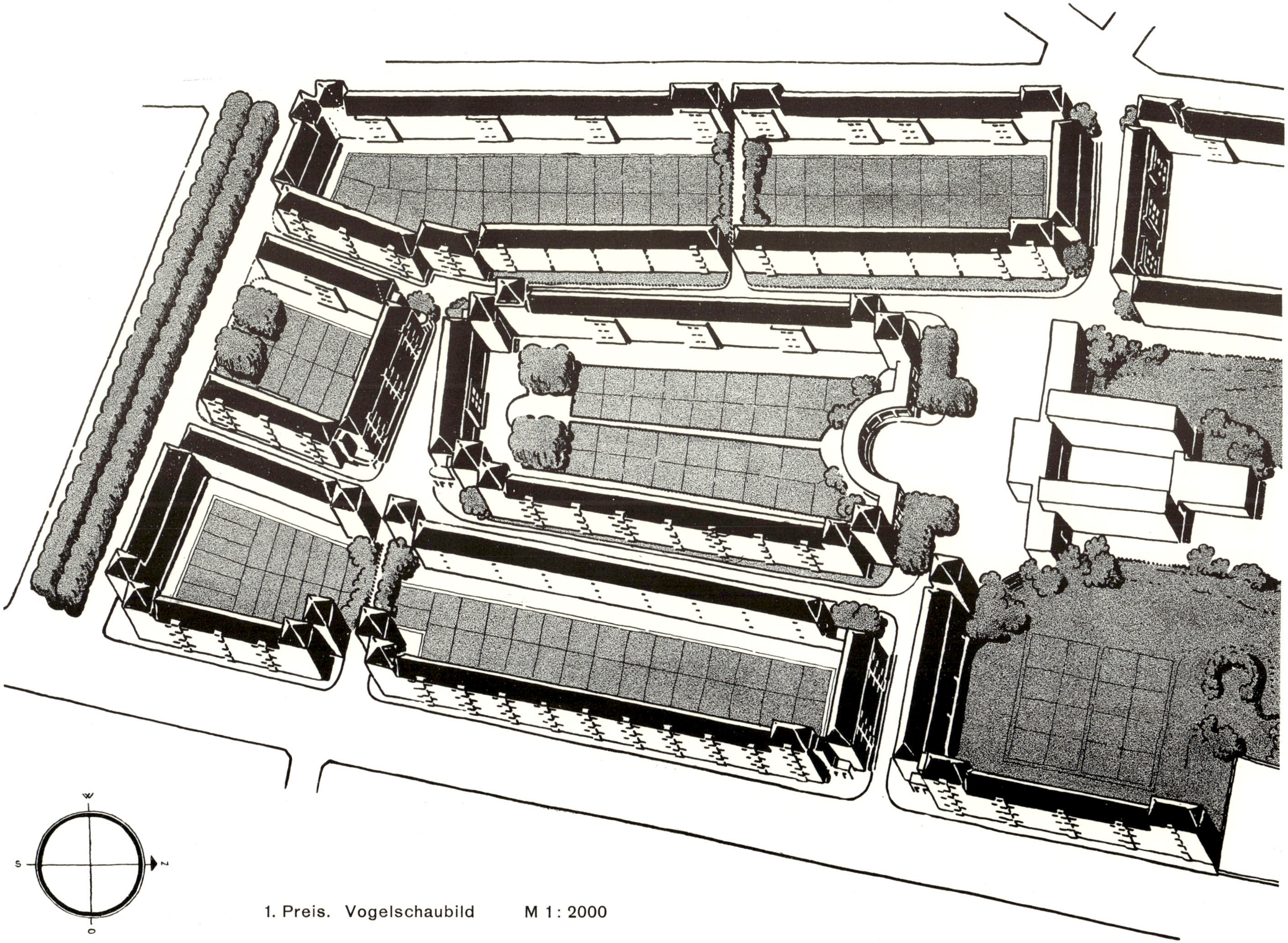

1. Preis. Vogelschaubild M 1 : 2000

Zum Wettbewerb zur Erlangung eines Bebauungsplanes für ein Gelände in Köln-Zollstock

Architekt Wilhelm Riphahn, Köln

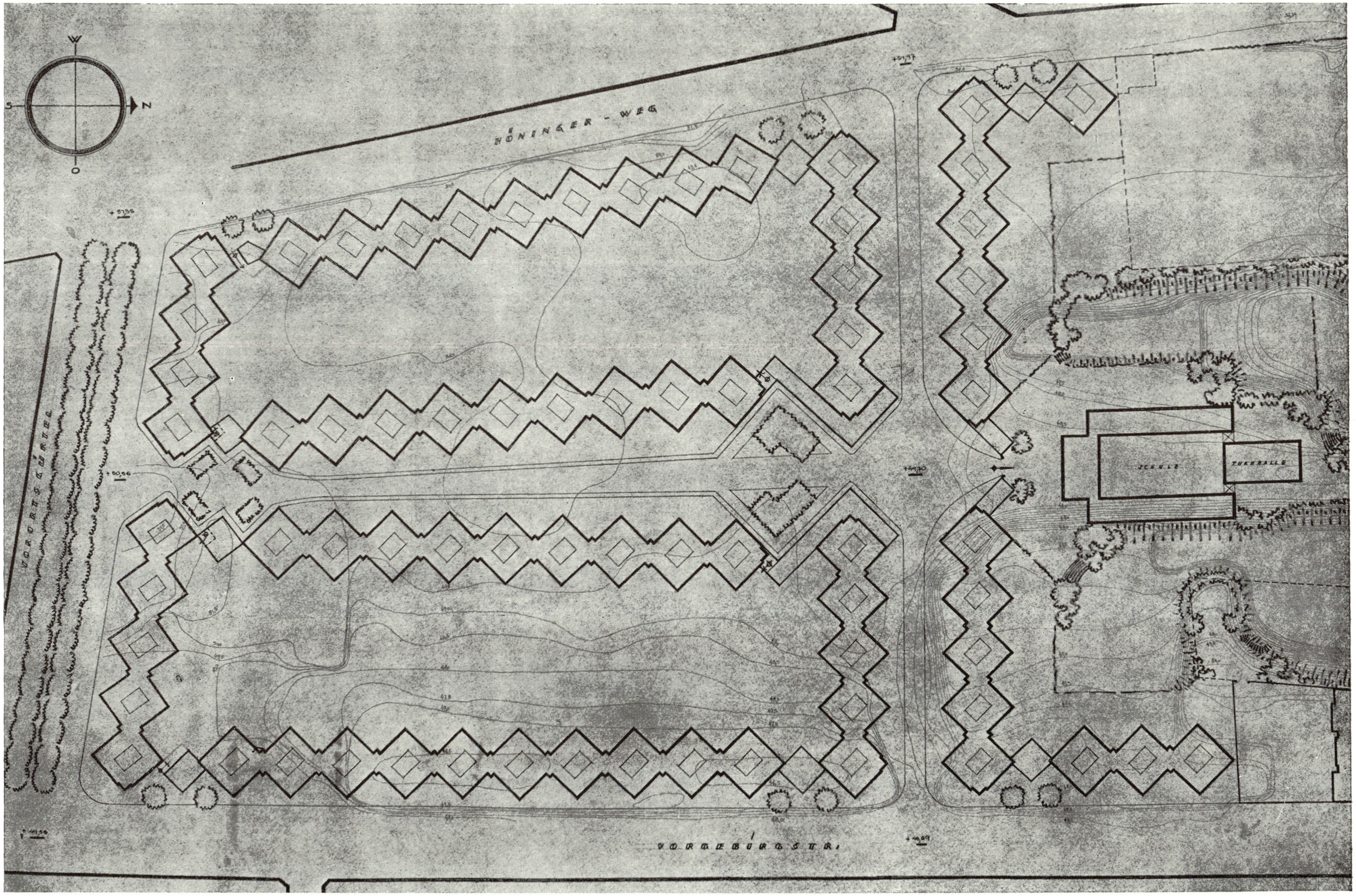

2. Preis Lageplan M 1 : 2000

Zum Wettbewerb zur Erlangung eines Bebauungsplanes für ein Gelände in Köln-Zollstock

Architekt Wilhelm Riphahn, Köln

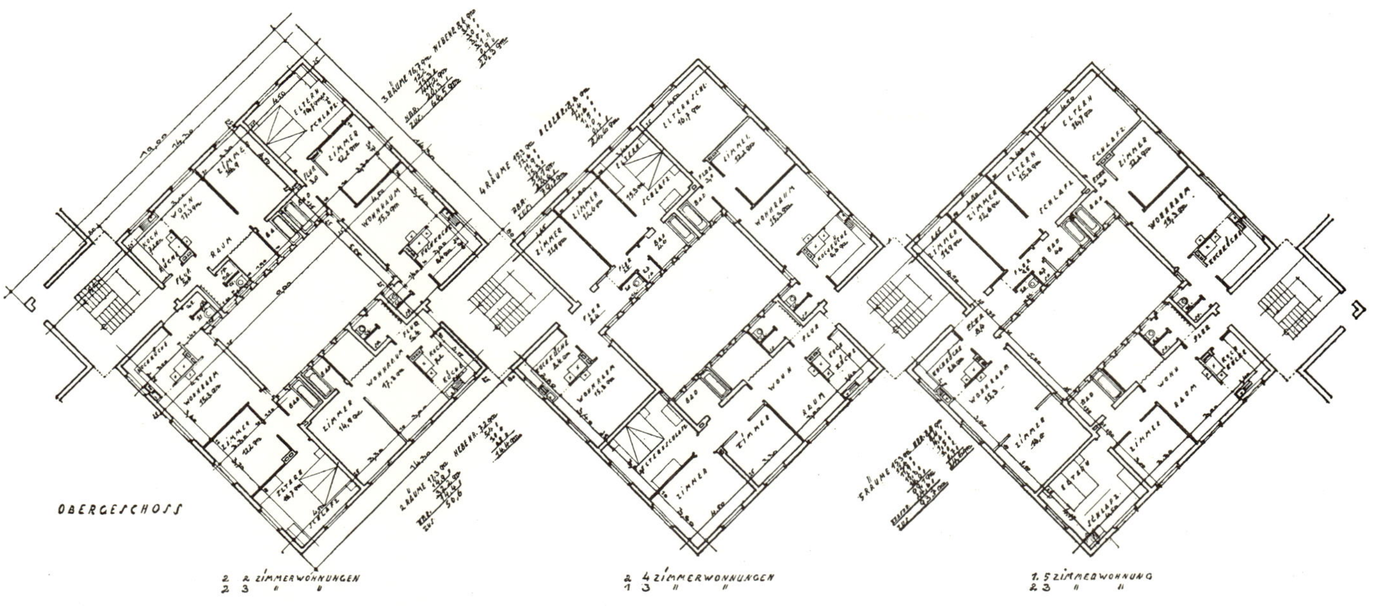

Grundrisse zum 2. Preise M 1:400 Architekt Wilhelm Riphahn, Köln
Zum Wettbewerb zur Erlangung eines Bebauungsplanes für die Erschließung eines Geländes in Köln-Zollstock

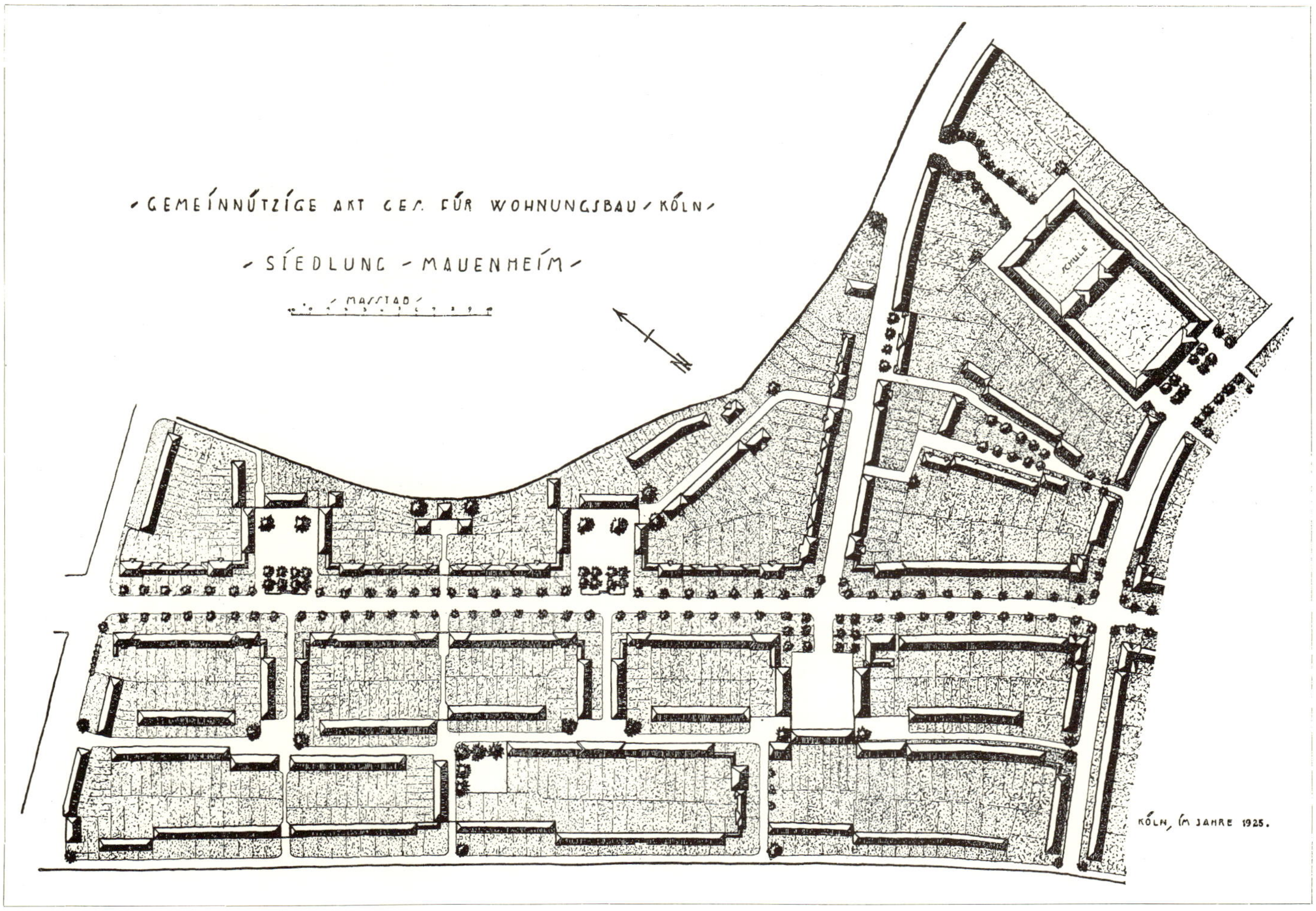

Lageplan Siedlung Mauenheim Architekt Wilhelm Riphahn, Köln

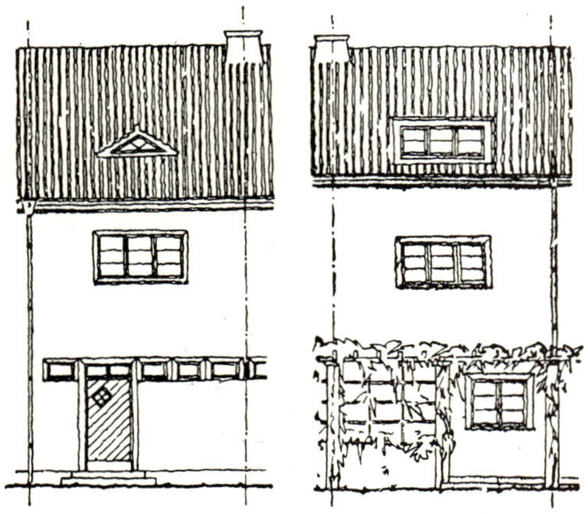

Straßenansicht Gartenansicht

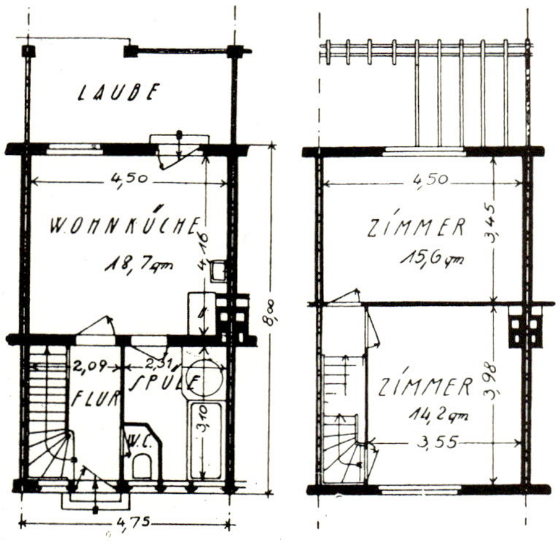

Erdgeschoß Obergeschoß

Vierräumiges Einfamilienhaus
Siedlung Mauenheim

Siedlung Bickendorf

Siedlung Mauenheim

Architekt Wilhelm Riphahn, Köln

Siedlung Mauenheim Torbogen Guntherstraße Architekt Wilhelm Riphahn, Köln

Siedlung Mauenheim Architekt Wilhelm Riphahn, Köln

Siedlung Mauenheim. Fassadendetail Neußer Str. Architekt Wilhelm Riphahn, Köln

Siedlung Mauenheim („Grüner Hof") Architekt Wilhelm Riphahn, Köln

Siedlung Mauenheim („Grüner Hof“)

Rückfronten der Neußer Straße   Architekt Wilhelm Riphahn, Köln

Modellskizze zu einem Einfamilienhaus — Architekt Wilhelm Riphahn, Köln

Architekt KARL SCHNEIDER, Hamburg. Noch hat das leidenschaftliche Bemühen dieses Architekten sein Ziel nicht erreicht, aber auf dem Wege dahin sind einige Leistungen entstanden, die unbedingt verdienen, festgehalten zu werden. Da ist vor allem das Haus Michaelsen, hoch am Elbufer gelegen und, wie die Bilder zeigen, mit liebevoller Sorgfalt in die Landschaft hineingearbeitet. Wie das Modell mit am klarsten beweist, ist das Haus Michaelsen keiner der üblichen, allerseits ein geschlossenes Rechteck aufzeigenden, und irgendwie dekorierten Baukörper. Es ist — im Gegenteil — eine Komposition von einzelnen, gewissermaßen persönlich geformten Architekturteilen, die von einer Leitidee zu gemeinschaftlicher und schönster Raumwirkung verschmolzen sind. Selten treten die neuen Grundlagen der Baukunst so klar in die Erscheinung, wie bei diesem Bauwerk, das nicht nur für seinen Urheber programmatisch genannt werden muß.
Aus dem Vergleich zwischen Modell- und Ausführungsbildern erweist sich auch, wie sehr Schneiders Entwürfe durch die Ausführung an wirklichem Leben gewinnen, und das die scheinbare Härte mancher skizzierten Idee neben ihren lebendigen Entwicklungsmöglichkeiten wenig besagen will. Zu den besten Arbeiten des noch jungen Architekten gehört auch sicherlich das Haus Ebers, das irgendwie in gutem Sinne an Volksliedhaftes erinnert. Die kleineren Siedlungsbauten in der Heide sind diesem Bauwerk verwandt und vertiefen den Eindruck einer ungewöhnlichen Begabung, der eben „Architektur" nicht genügt. In den hier wiedergegebenen Bauten dominiert eine ganz bestimmte Herbheit und Verhaltenheit des Ausdrucks. Jedes Teil, auch der Innenraum, erscheint vom Architekten her irgendwie notwendig bedingt, Ergebnis heißer Bemühungen um die Form, die inhaltreich genug ist, um auf modische Zutaten verzichten zu können. Nichts Überkommenes wird ohne weiteres hineingenommen, bequem ausgewählt. Billige Zufriedenheit ist nicht seine Sache. Immer wieder wird versucht, jedes Einzelproblem aus seinen eigenen, unmittelbaren Bedingtheiten heraus zu entwickeln und zu lösen. Und so spiegeln all diese Dinge nichts wieder, wie die unerschöpfliche Bemühung des Gestaltenden um die eigene und endgültige Gestaltung seiner selbst.

Bürohausstudie 1922

Fabrikstudie 1922

Theaterstudie 1922

Architekt K. Schneider, Hamburg

Wettbewerb Börsenhof, Königsberg 1923

Modellskizze zu einem Hochhaus

Architekt K. Schneider, Hamburg

Eingang zum Bankhaus Jordan, Hamburg

Modell Haus Michaelsen

Architekt K. Schneider, Hamburg

Haus Michaelsen in Falkenstein Architekt K. Schneider, Hamburg

Haus Michaelsen in Falkenstein

Architekt K. Schneider, Hamburg

 Haus Michaelsen in Falkenstein

Architekt K. Schneider, Hamburg

Haus Michaelsen in Falkenstein — Architekt K. Schneider, Hamburg

Siedlung Neumünster — Architekt K. Schneider, Hamburg

Haus Eber in Blankenese

Architekt K. Schneider, Hamburg

Haus Eber in Blankenese

Architekt K. Schneider, Hamburg

Haus Schluck in Volksdorf

Architekt K. Schneider, Hamburg

Umbau Haus Jordan in Ahrensburg bei Hamburg

Architekt K. Schneider, Hamburg

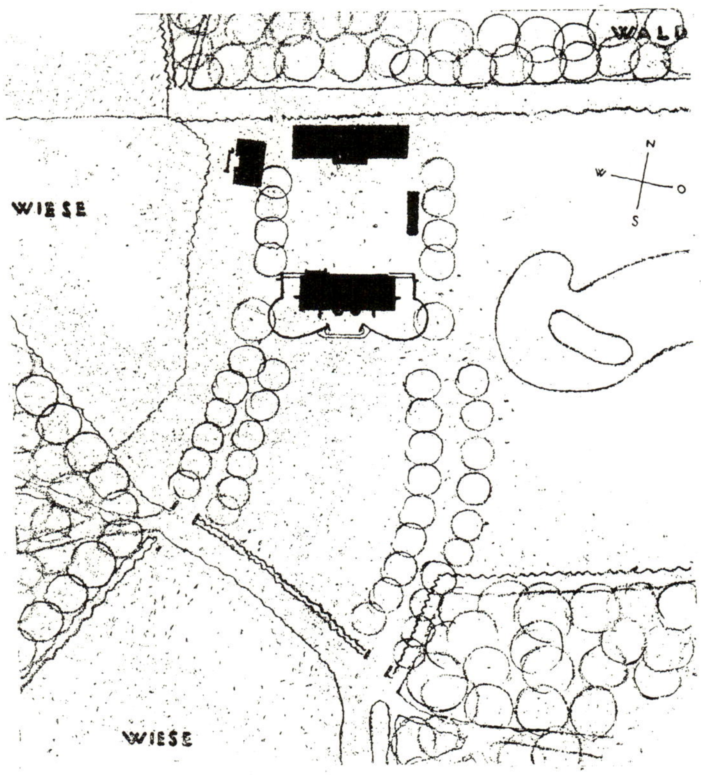

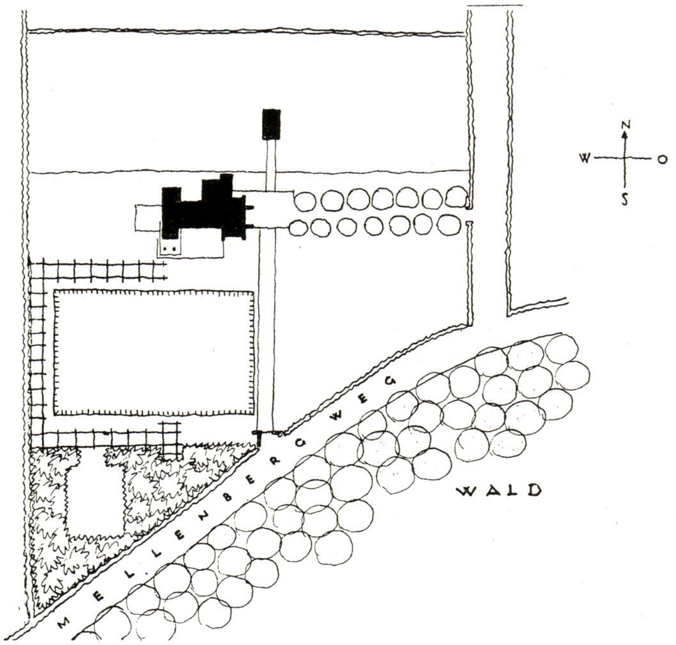

Lageplan M 1 : 2000

Lageplan M 1 : 2000

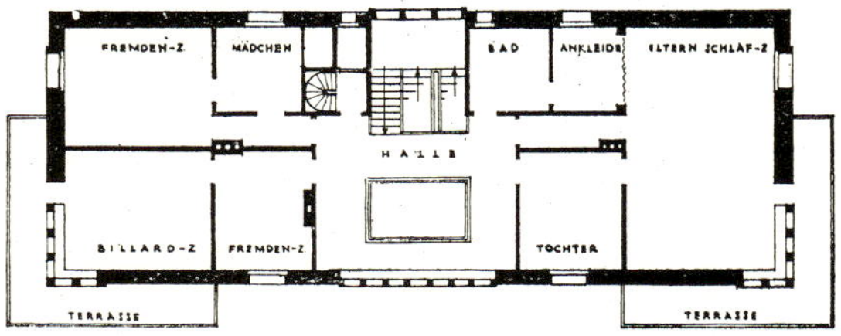

Obergeschoß

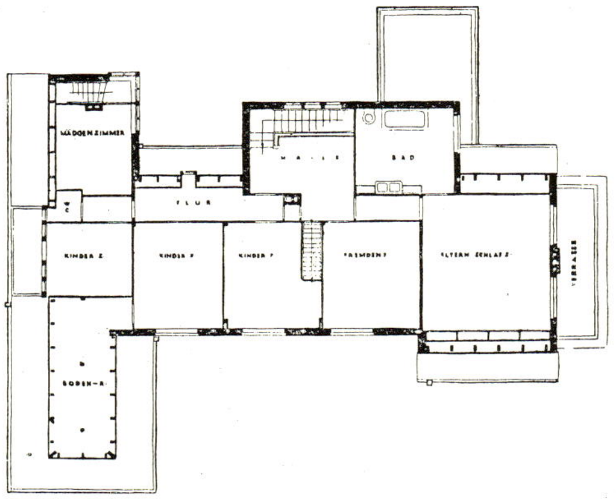

Obergeschoß

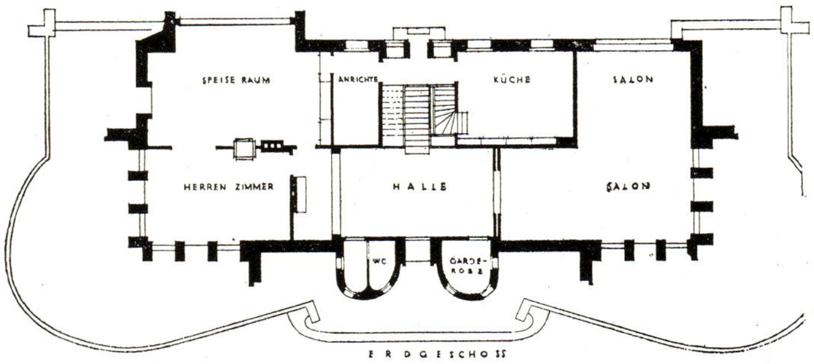

Erdgeschoß M 1 : 400

Umbau Haus Jordan in Ahrensburg bei Hamburg

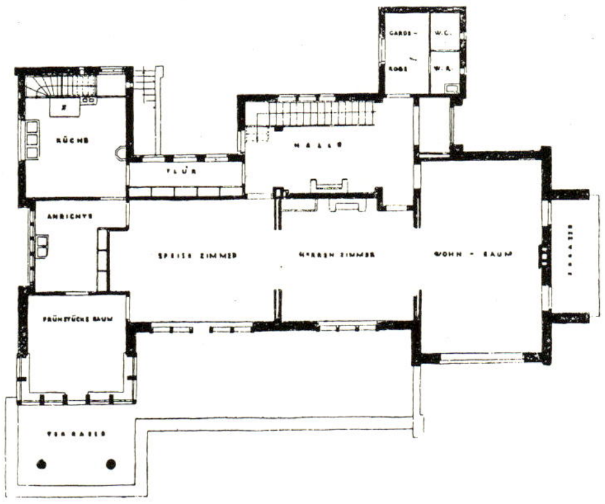

Erdgeschoß M 1 : 400

Haus Schluck, Volksdorf

Architekt K. Schneider, Hamburg

Umbau Haus Jordan in Ahrensburg bei Hamburg Architekt K. Schneider, Hamburg

Haus Goebel in Blankenese, von der Landstraße Architekt K. Schneider, Hamburg

Blick vom Dachgarten auf die Elbe

Haus Goebel in Blankenese aus der Vogelschau Architekt K. Schneider, Hamburg

Wettbewerb der D. A. Z. Berlin

Architekt K. Schneider, Hamburg

Architekt EMIL FAHRENKAMP, Düsseldorf. Es ist eine eigene Mischung von Schwermut einerseits Lebensheiterkeit anderseits in Wesen und Werk dieses jüngsten Professors der Kunstakademie in Düsseldorf und oftmals hat es den Anschein, als wirkten sich diese beiden Veranlagungstendenzen nebeneinander, vielleicht auch nacheinander im zeitlichen Wechsel aus. Nicht selten kommen, persönlich umgeprägt, Formen zur Anwendung, die Erinnerung an Vergangenheit auslösen. Dann wieder, fast heftig, Arbeiten, die eben die restlose Überwindung dieser selben Vergangenheit zum Ziel haben. Auch bei Fahrenkamp beginnt der Grundriß, sich aus der überkommenen Erfahrung zu lösen, wie bei jenem Landhause in Schmargendorf-Berlin. Weitere Entwicklung, vom holländischen Schaffen in der Verwandtschaft des Niederrheins naturgemäß nicht unberührt, zeigt sein Entwurf für ein neues Rathaus in Düsseldorf. Überzeugender, stärker, größer noch aber wirkt das in Fertigstellung begriffene Lochnerhaus in Aachen, das einzige, wirklich als solches konstruierte und durchgeführte Hochhaus im gegenwärtigen Deutschland.

Daneben stehen, oft scheinbar widerspruchsvoll, seine Innenräume, die zum Teil aus einem engen Zusammenarbeiten mit den Bremer Holzkunstwerkstätten hervorgegangen sind. Bei manchen von ihnen ist sicherlich der Einfluß der Auftraggeber in Rechnung zu ziehen, bei anderen wieder, wie bei der Stadthalle in Mühlheim-Ruhr z. B., ist zu bedenken, daß das Gebäude selbst von anderen, sehr andersartig empfindenden Händen geschaffen wurde.

Dort, wo Fahrenkamp sich ganz persönlich geben kann, wirkt er auch am unmittelbarsten und am schönsten. Eine heitere Kindhaftigkeit beseelt diese Räume, die dennoch stets einen leisen Hauch von Schwermut nie verleugnen können. Aber gerade dieses Eigenste, Persönlichste prägt ihren Charakter und macht sie liebenswert. Auch Fahrenkamp ist noch unterwegs, er müht sich hier um eine endliche Synthese der Vielfältigkeit seiner künstlerischen Gesichte, und sicherlich wird seine echte, von Anmaßung freie Menschlichkeit seinem Werke eines Tages das vollkommene Gelingen schenken.

Wettbewerb Rathaus Düsseldorf Ein 1. Preis Architekt Emil Fahrenkamp, Düsseldorf

Haus Generaldirektor Ballin, Schmargendorf — Architekt Emil Fahrenkamp, Düsseldorf

Herrenzimmer und Halle, Haus Generaldirektor Ballin, Schmargendorf   Architekt Emil Fahrenkamp, Düsseldorf

Halle im Haus Ballin, Schmargendorf

Architekt Emil Fahrenkamp, Düsseldorf

Haus Filius, Schlafzimmer der Tochter

Halle im Haus Ballin, Schmargendorf

Architekt Emil Fahrenkamp, Düsseldorf

Haus Ballin, Herrenzimmer

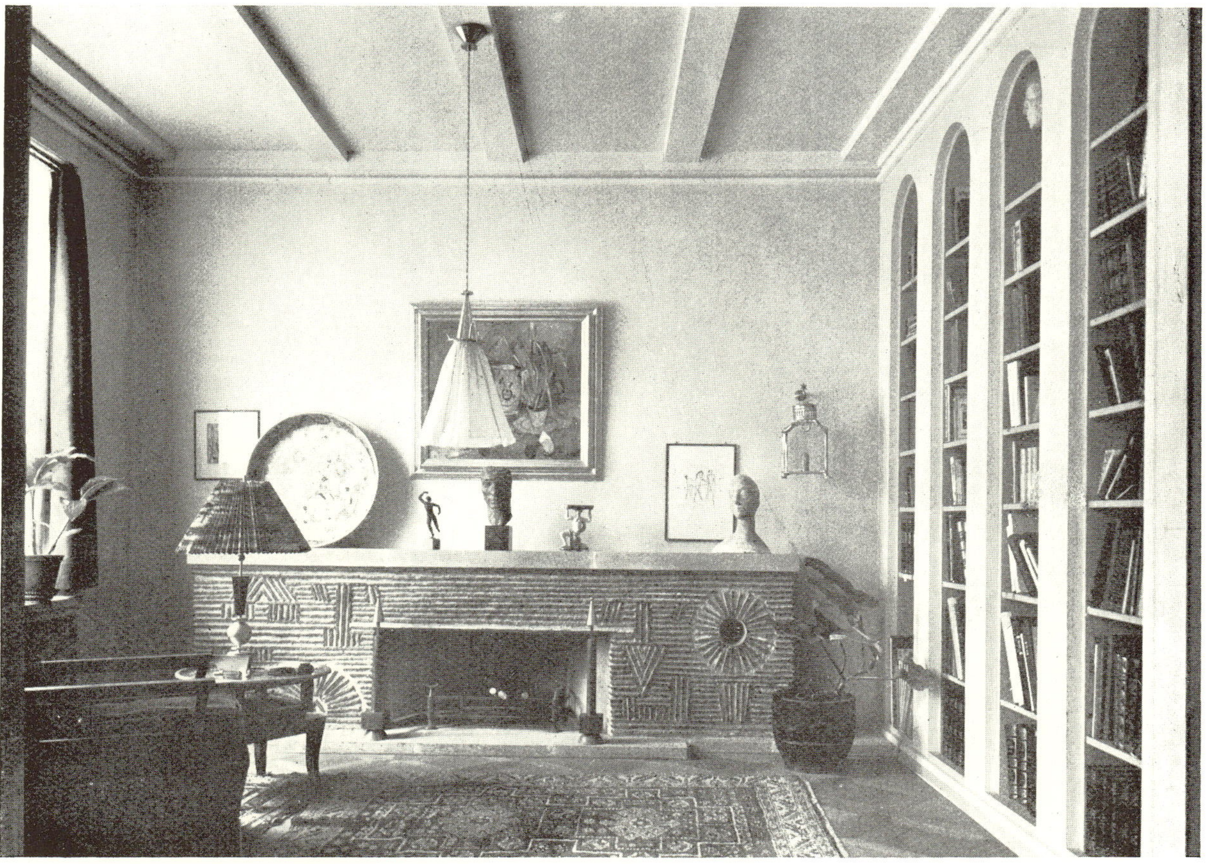

Kamin-Nische aus dem Wohnzimmer des Künstlers — Architekt Emil Fahrenkamp, Düsseldorf

Haus Neumann, Barmen. Aus dem Herrenzimmer Architekt Emil Fahrenkamp, Düsseldorf

Kamin-Nische im Wohnzimmer des Künstlers

Haus Neumann, Barmen, Herrenzimmer
Architekt Emil Fahrenkamp, Düsseldorf

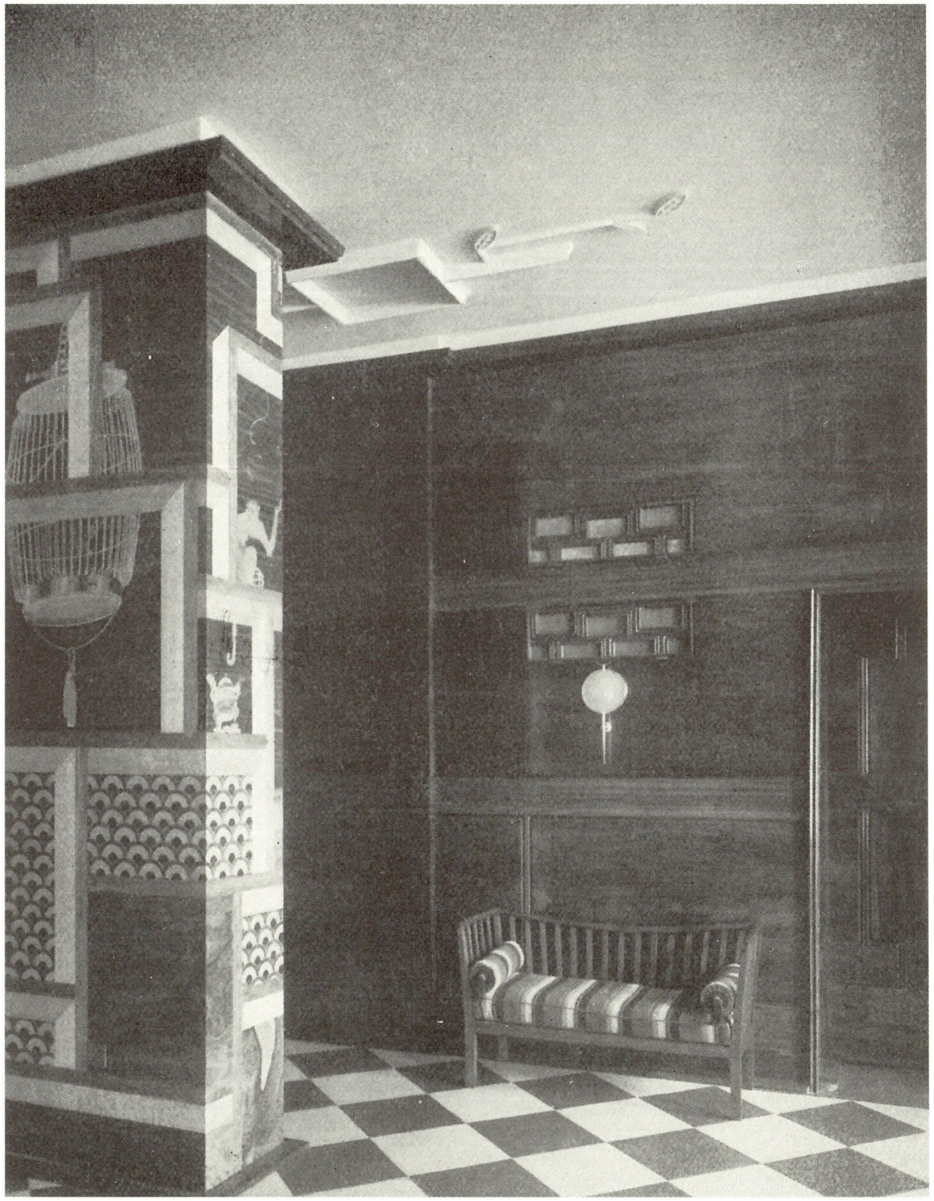

Intarsien: Victor Lurje, Düsseldorf

Hotel „Vier Jahreszeiten", Hamburg Intarsiensäule im vorderen Teeraum

Kaffee- und Teeraum Architekt Emil Fahrenkamp, Düsseldorf

Hotel „Vier Jahreszeiten“, Hamburg Kaffee- und Teeraum

Architekt Emil Fahrenkamp, Düsseldorf

Aufgang zu den Sitzungs- und Gesellschaftsräumen

Garderobenhalle und Versammlungsraum

Die neue Stadthalle in Mülheim (Ruhr) Architekten Pfeifer und Großmann, Mülheim, Ruhr Innenausbau: Architekt Emil Fahrenkamp, Düsseldorf

Die neue Stadthalle in Mülheim (Ruhr) Großer Konzertsaal Innenausbau: Architekt Emil Fahrenkamp, Düsseldorf

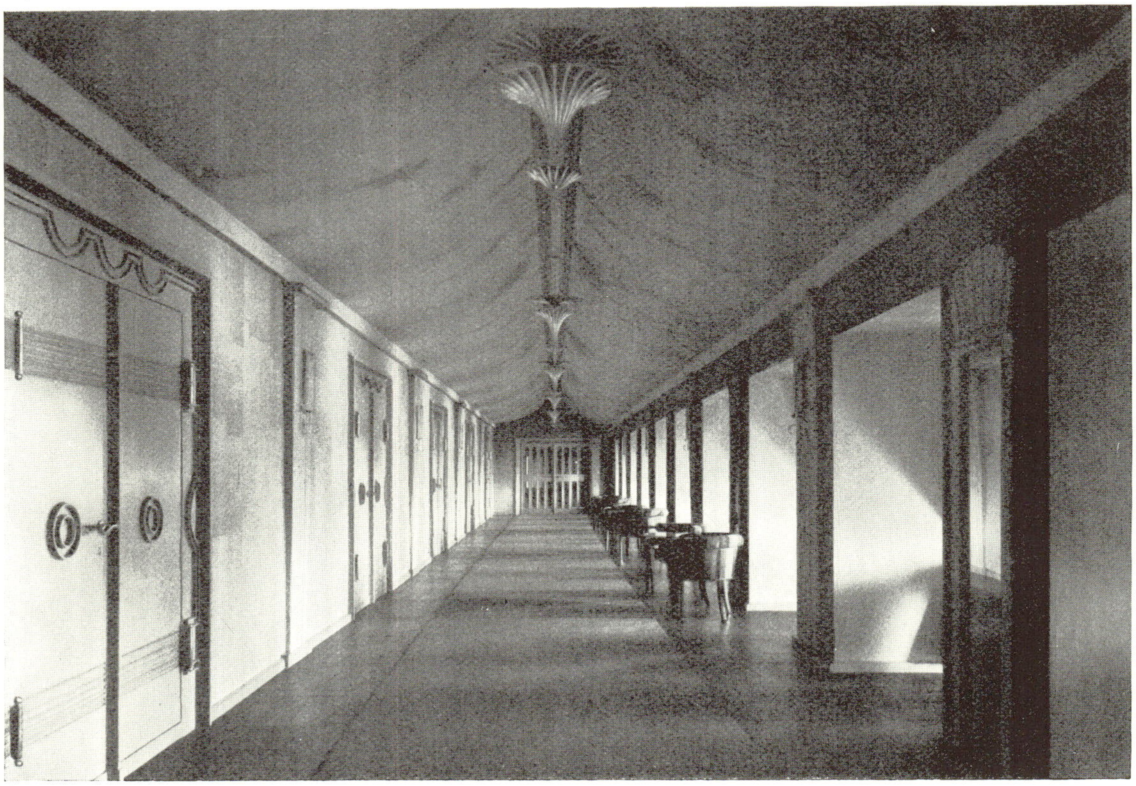

Wandelgang

Die neue Stadthalle in Mülheim (Ruhr) Vorraum des kleinen Konzertsaals
Arch. Pfeifer und Großmann, Mülheim (Ruhr) Innenausbau: Arch. Emil Fahrenkamp, Düsseldorf

Wettbewerb DAZ., Berlin. Ein dritter Preis Architekt Emil Fahrenkamp, Düsseldorf

Lochnerhaus in Aachen
Arch. Emil Fahrenkamp, Düsseldorf

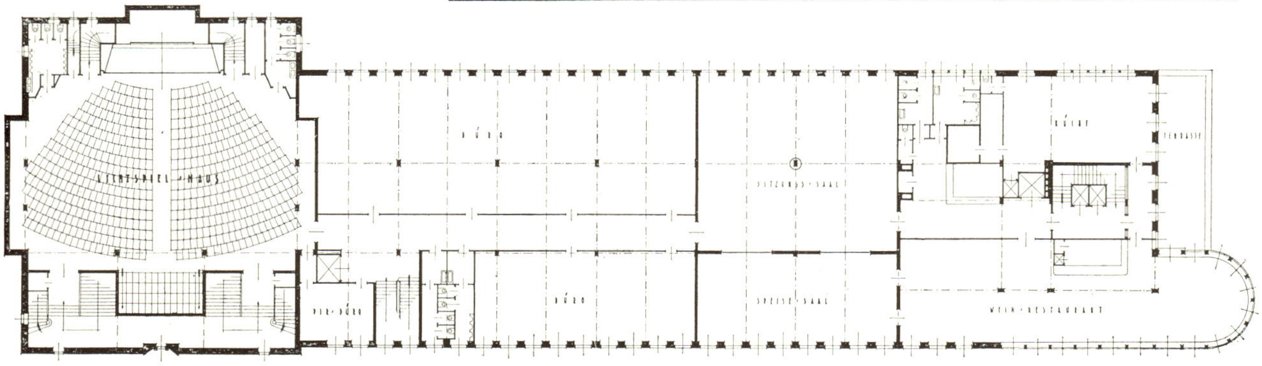

Oben: 1. Obergeschoß M 1 : 600 Unten: Erdgeschoß

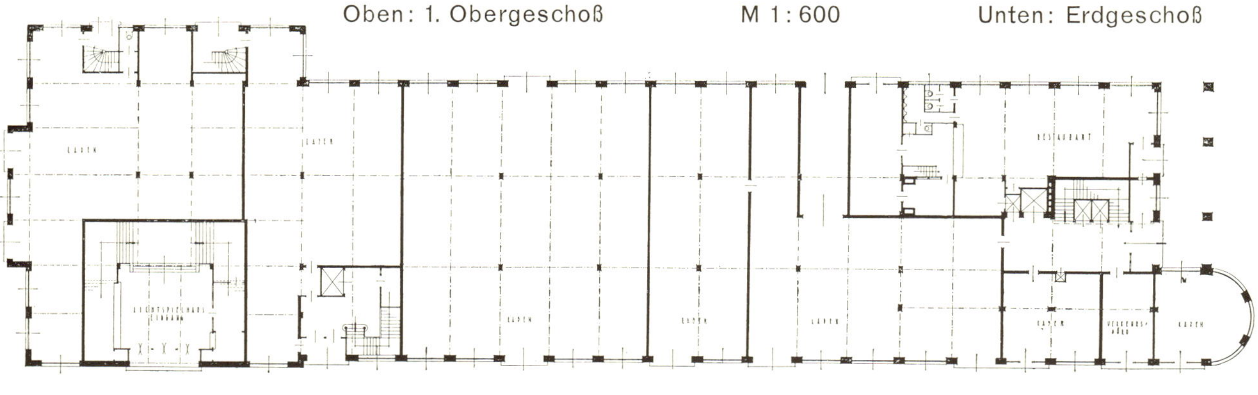

Lochnerhaus in Aachen

Architekt Emil Fahrenkamp, Düsseldorf